Enzo Barillà

PRATICA DEGLI ASPETTI ASTROLOGICI

II edizione 2018

INTRODUZIONE

Questo libro, già apparso in I edizione nell'ottobre 2017, raccoglie gli articoli pubblicati su *Linguaggio Astrale* n. 188 (autunno 2017) e n. 189 (inverno 2017) e *Sestile* a partire dal mese di novembre-dicembre 2016 (*Sestile* n. 214) per finire con il mese di luglio-agosto 2018 (*Sestile* n. 224). Si presenta pertanto ora arricchito di due nuovi contributi: *Plutone all'Ascendente: tre casi di attrici italiane*, e *L'opposizione Giove-Plutone. Aspetto dissonante o armonico?*

Il taglio è per lo più pratico e ambisce fornire al lettore uno strumento d'aiuto nell'interpretazione degli aspetti astrologici riscontrabili nella carta del cielo natale, con speciale riguardo alle donne; per questo è corredato da numerosi esempi di oroscopi di personaggi pubblici, tratti dalle cronache. L'articolo *Uno sguardo nel futuro: i cicli planetari*, presente nella I edizione, è stato espunto da questa raccolta per rispettarne l'omogeneità di contenuto, ed entrerà a far parte di altra pubblicazione dedicata all'aspetto previsionale dell'astrologia.

Enzo Barillà

L'OROSCOPO DEL BAMBINO

L'invito a sottoporre un contributo a questa rivista è giunto in un momento quanto mai significativo, poiché ho appena terminato di studiare il tema natale di due bambine entrambe nate il giorno 6 luglio 2016, in luoghi diversi e ore diverse, da famiglie diverse sconosciute tra loro. È l'attività che prediligo, e che ritengo essere tra le più utili che un astrologo possa fare. Consideriamo il caso di un consulto, faccia a faccia, con un adulto. L'astrologo potrà agevolmente interagire con il richiedente, accertare il suo stato sociale, lavorativo, culturale; potrà chiedere notizie sull'educazione ricevuta e sui suoi trascorsi famigliari; chiedere lumi sui suoi desideri e aspirazioni, nonché sui mezzi a disposizione per conseguirli. Dopo aver messo a fuoco la personalità che gli sta davanti, si adopererà per cercare di illuminarne qualche lato ancora inesplorato e formulare qualche previsione sul futuro del soggetto, il quale dovrebbe uscire dallo studio del consulente con un po' di consapevolezza in più, e magari con qualche interrogativo risolto.

È possibile, utile, consigliabile interpretare la carta del cielo di un bambino appena nato, non certamente in grado di stabilire un simile rapporto dialettico con il consulente? Certo, gli astrologi dell'India tracciano normalmente la carte del cielo del nuovo nato, ce lo ricorda il guru Paramahansa Yogananda nella sua autobiografia, tradotta in molte lingue e stampata in milioni di copie. Tuttavia, in Occidente il pensiero logico-razionale che caratterizza la nostra cultura necessita di proprie basi per giustificare un'operazione del genere.

A mio avviso, dette basi vanno ricercate nell'insegnamento di alcuni grandi astrologi, nonché nella psicologia analitica di C. G. Jung.

Nell'opera poderosa di Thomas Ring – purtroppo sconosciuta ai lettori italiani per le insormontabili difficoltà di traduzione nella nostra lingua e per la complessità di pensiero di questo Autore – trovo significativo il seguente brano:

«Nel tema natale si trova unicamente la predisposizione di base. Essa contiene atteggiamenti fondamentali verso cose in un "possibile" ambiente. L'ambiente effettivo non viene indicato. Per portare un caso estremo, che tuttavia si presenta di quando in quando: in due nascite avvenute nello stesso minuto e luogo, e con concordanti predisposizioni, si possono formare due diverse personalità, a seconda dei diversi ambienti in cui crescono le persone in questione, a seconda delle cose e delle circostanze in cui si realizzano le loro personalità. Con ciò viene in pari tempo fissato un limite alla diagnosi astrologica. Non è possibile fare affermazioni su quanto viene apportato alla predisposizione di base dagli effetti dell'ambiente, dalle relazioni ambientali, dall'educazione ricevuta, dai destini collettivi.[1]»

Dello stesso avviso è André Barbault:

«Non dimentichiamo che il determinismo astrale rappresenta solo ciò che è innato, l'individuo nella sua nudità primordiale.

---

[1] Thomas Ring, *Astrologische Menschenkunde*, Vol. I, Hermann Bauer, Freiburg im Breisgau, 1985, p. 8

Possiamo conoscere unicamente la costellazione interiore dell'individuo, senza sapere quale sia stato il ruolo dell'ambiente esterno vissuto con cui si forma il "carattere acquisito", che neutralizza o amplifica il carattere innato.[2]»

Bisogna ora cercare di definire meglio, sotto un profilo psicologico, quanto affermato dagli Autori menzionati sopra. Nell'ambito della vasta opera di C. G. Jung, già in una conferenza del 1927[3] si trovano ripetuti accenni al fatto che "la mente umana non nasce come *tabula rasa*", e "L'uomo nasce dunque con una disposizione mentale complicata, ben diversa da una *tabula rasa*", concetto che 70 anni più tardi fu sviluppato in modo accattivante da James Hillman ne *Il codice dell'Anima*.

Tra i seminari tenuti da Jung, troviamo *Kinderträume*[4], sui sogni dei bambini, risalenti al 1936-37 e 1940-41. Il Maestro svizzero si concede un'affermazione particolarmente pregnante, che merita di essere riportata e meditata:

«Sin dal momento della nascita oppure addirittura – si potrebbe dire – ancor prima di nascere, un individuo è ciò che diverrà. I caratteri di base sono abbozzati molto presto. ... Successivamente la vita ci costringerà a sviluppare aspetti differenziali e parziali. In tal modo perderemo noi stessi e dovremo poi imparare a ritrovarci di nuovo.[5]»

---

[2] André Barbault, *La scienza dell'astrologia*, Nuovi Orizzonti, Milano, 1989, p. 140. Traduzione di Enzo Acampora, alla quale ho apportato alcune rettifiche.
[3] C. G. Jung, *Psicologia analitica e concezione del mondo*, Opere, Vol. VIII, Boringhieri, Torino, 1976
[4] C. G. Jung, *I sogni dei bambini*, Boringhieri, Torino, 2013
[5] *Op. cit.* p. 18

Eccoci giunti al punto cruciale, e di conseguenza alla risposta al quesito che ci siamo posti inizialmente. Studiando il tema natale del bambino siamo in grado di tracciare la mappa della psiche e identificare gli archetipi la cui azione segnerà maggiormente la sua vita. È decisamente gran cosa conoscere la base su cui poggia il futuro sviluppo della personalità, anche se siamo ben lontani dal sapere in che misura si eserciterà l'influsso dell'ambiente. Sarà ostacolato o sostenuto dai genitori nell'espressione delle spinte vitali? Sarà avvantaggiato o svantaggiato dalle condizioni economico-sociali della famiglia di origine? Che peso eserciterà il patrimonio genetico ereditario? Non lo sappiamo. E neppure, a maggior ragione, sappiamo che direzione il soggetto stesso, tramite l'azione dell'*Io*, imprimerà all'archetipo. Si dirigerà verso il polo luminoso o quello oscuro? Jung ci avverte: «In sé l'archetipo non è né buono né cattivo. È un *numen* moralmente indifferente che solo attraverso lo scontro con la coscienza può diventare l'uno o l'altro o una dualità di opposti. La decisione per il bene o per il male sarà determinata, che l'uomo lo sappia o no, dall'atteggiamento da lui assunto.» (*Psicologia e poesia*)

Torniamo ora a occuparci delle bambine nate nello stesso giorno di cui accennavo all'inizio, e diamo un'occhiata al cielo natale della piccola che chiamerò Maria[6], riportato in calce a queste note. Mi riesce difficile immaginare una carta del cielo che, più di questa, converga unanimemente verso quel fascio di valori rappresentato dall'insieme Marte-Plutone-Scorpione-Casa VIII. È un dato di fatto che salta

---

[6] Nome di fantasia.

subito all'occhio e su cui credo possiamo trovarci tutti d'accordo. Faccio presente, di sfuggita, che le mie ultime ricerche si sono concentrate proprio sul simbolismo di Plutone, che tuttora assorbe molte delle mie energie intellettuali. La carta del cielo dell'altra bimba – chiamiamola Lara – ovviamente condivide con Maria le medesime posizioni planetarie (salvo una piccola differenza nella longitudine della Luna) ma espone un incardinamento del tutto diverso.

Procedendo con gradualità, mi sono adoperato a spiegare ai genitori – tramite una registrazione vocale – il significato essenziale del simbolismo in questione, soffermandomi specificamente sul concetto di "fase anale" dello sviluppo del bambino e "carattere anale" secondo la psicoanalisi freudiana. Ho consigliato di prestare particolare attenzione alla fase anale che si sarebbe presentata tra un paio d'anni; una fase assai delicata, viste le astralità del soggetto e che, se mal gestita, potrebbe successivamente invogliarla ad assumere durante la crescita atteggiamenti ribellistici. Ho fatto presente la necessità di vigilare affinché Maria non si dedichi, nell'adolescenza, a precoci esperienze sessuali; ho detto ai genitori di non allarmarsi qualora le maestre considerassero la loro figlioletta un'iperattiva; li ho incoraggiati a sostenere l'emersione di eventuali tendenze artistiche, e di canalizzare, almeno inizialmente, il grande capitale energetico nello sport. Ho spiegato loro che la bambina possiede un grande potenziale creativo, e che molto probabilmente primeggerà in qualsiasi attività decida di cimentarsi. Questo, in estrema sintesi.

Ho adottato analogo procedimento con i genitori di Lara, fatte salve le differenze interpretative dovute alla diversa collocazione dell'Ascendente, Medio Cielo, e dei pianeti nelle case.

In conclusione, ritengo che l'analisi del tema natale di un bambino abbia molto da offrire, in termini di concreta utilità, all'azione pedagogica di genitori e insegnanti, i quali potranno agevolmente anticipare molteplici manifestazioni di tendenze comportamentali collegate al carattere innato, intervenire per correggere quelle meno opportune, incoraggiare quelle più meritevoli, e affiancare il giovane durante tutte le fasi della crescita, affinché la personalità possa sbocciare in modo armonico e dirigersi verso il lato luminoso e creativo dell'archetipo.

Carta natale (Metodo: Astrodienst / Placido)
Segno Solare: Cancro
Ascendente: Scorpione

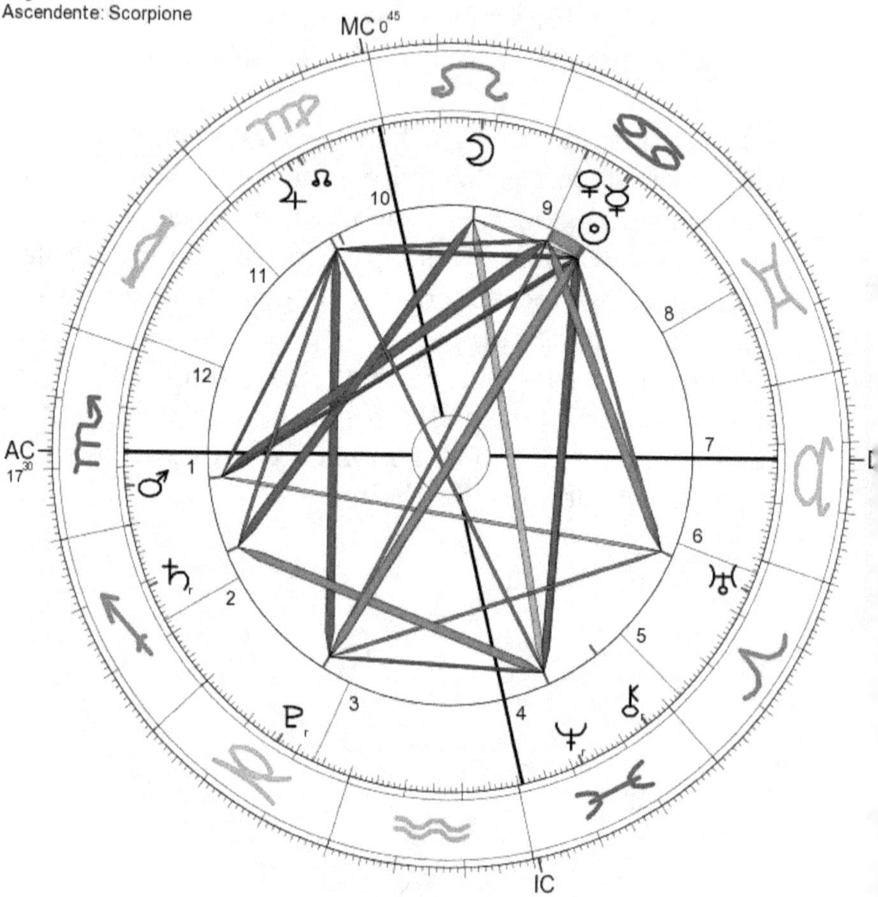

UN CASO DI GEMELLI ASTRALI: UMBERTO NOBILE E DUNCAN GRANT

Mi ricollego al mio precedente *L'oroscopo del bambino* apparso sul n. 214 questa rivista per richiamare l'attenzione dei lettori su un diverso caso di gemelli astrali. Non sarà inutile ricordare che le bambine di cui ho studiato il cielo natale erano entrambe nate il giorno 6 luglio 2016, tuttavia in luoghi diversi e, soprattutto, in orari talmente diversi da comportare notevoli differenze nell'incardinamento dell'oroscopo radix.

Ben altra è la situazione dell'italiano Umberto Nobile (Lauro, 21 gennaio 1885 alle 15:15; anagrafe, archivio Rodden) e dello scozzese Duncan Grant (Rothiemurchus, Scozia, alle 15:10; anagrafe, archivio Rodden). L'ora di nascita di questi personaggi è praticamente coincidente, ma differiscono le coordinate geografiche (e ovviamente per fuso orario), che però comportano solo trascurabili differenze nel posizionamento dei pianeti nelle case (il Sole radix di Umberto Nobile sta uscendo dalla casa VIII, e va dunque considerato come appartenente alla casa VII). L'ascendente Cancro dell'uno dista circa 12° dall'Ascendente dell'altro. Tutto qui.

Ora, salvo appigliarsi a dettagli risalenti a precetti di scuole di astrologia esoterica (e forse a scuole che si richiamano all'astrologica classica, che non conosco), le differenze tra le due geniture, viste nell'ottica dell'astrologia psicologica, sono trascurabili. E tuttavia, non potremmo immaginare stili e vicende di vita più divergenti!

Il nome di Umberto Nobile rimane principalmente legato alle esplorazioni della calotta polare artica, malgrado il soggetto fosse un ingegnere esperto, un valente progettista di aerei e dirigibili e un eccellente professore universitario. Trascorse gli ultimi 50 anni della sua lunga vita (morì nel 1978 a 93 anni compiuti) a difendersi dalle accuse di incompetenza e vigliaccheria conseguenti al disastro del dirigibile Italia in terra polare nel maggio 1928. Il dizionario biografico degli Italiani conclude così la voce a lui dedicata:

Solo molti anni dopo [la sua morte], riuscì ad affermarsi un'opinione condivisa sul suo operato tale da restituire senso e significato alla grande avventura umana e scientifica di cui fu protagonista e a collocarlo fra i pionieri e le personalità più significative della storia dell'aeronautica italiana.[7]

Completamente diversa è la biografia di Duncan Grant, artista e pittore di un certo rilievo, di cui 28 quadri sono oggi custoditi presso la Tate Gallery di Londra. Persona decisamente seduttiva, la sua ricca vita sentimentale ha fatto registrare relazioni con importanti uomini del suo tempo, tra cui spicca il grande economista inglese John Maynard Keynes, considerato il grande amore della sua vita.

Leggendo le carte del cielo di Nobile e Grant, notiamo subito la forte coloratura plutoniana: il pianeta riceve il trigono del Sole, il sestile della Luna, il trigono di Marte, la quadratura di Giove e il trigono di Urano. Il Sole è congiunto

---

[7] Cfr. la voce *Umberto Nobile* redatta da Francesco Surdich all'indirizzo http://www.treccani.it/enciclopedia/umberto-nobile_%28Dizionario-Biografico%29/ (consultato il 13/8/2016)

a Marte con uno scarto inferiore a 5° e il pianeta rosso si trova in casa VIII. La marcata somiglianza delle carte del cielo – corroborata dalla comune dominante – raffrontata alla grande diversità delle biografie dei due soggetti in questione ci pone tuttavia ancora una volta di fronte l'antico quesito della portata della determinazione astrologica. Ci sono somiglianze anche nei concreti "effetti" riscontrabili nella vita vissuta dei nostri personaggi? Avviciniamoci al problema riportando in prima battuta un brano di André Barbault:

Ciò che è chiamato "il determinismo astrale", che si ritiene si rilevi dal tema natale, è del tutto estraneo alle condizioni esterne a cui è soggetto il nativo: la razza, il clima geografico, l'ambiente famigliare, l'educazione ricevuta, la situazione economica, sociale e culturale... Il tema natale non rende conto di tutto ciò che questo insieme di fattori rappresenta nella vita del soggetto, poiché la meccanica celeste "gira" indifferentemente per tutti gli individui del pianeta.[8]

Ribadito, per quanto occorrer possa, questo fondamentale concetto, dobbiamo ora calarci alle radici delle astralità di Nobile e Grant per cogliere l'essenza della comune simbolica e indagarne eventuali somiglianze, pur nella diversità di manifestazione dell'archetipo dominante.

Premetto di aver recentemente tentato di avvicinarmi all'enigma del Plutone astrologico, scrivendo un testo[9] in cui - partendo dall'esame di 209 oroscopi di nascita – ho tentato di distillarne l'essenza. Al termine della mia rassegna, mi

---

[8] *Connaissance de l'astrologie*, Seuil, Paris, 1975, p. 116. Traduzione mia.
[9] *Incursione nei regni inferi. Analisi astropsicologica di Plutone.*

sono consentito di trarre alcune conclusioni che riporto qui di seguito.

"La prima impressione che si ricava è quella della forza, dell'energia, della potenza, del carisma, delle risorse psichiche a disposizione e sprigionate dalle personalità plutoniane. I plutoniani spiccano per forte personalità, manifestandola talvolta nell'inflessibile lotta solitaria contro sovrastanti poteri politici e istituzionali."

Oltre alle essenziali caratteristiche sopra indicate, non bisogna trascurare il potenziale creativo a disposizione delle personalità plutoniane, tra cui figurano numerosi scrittori, pittori, registi, attori.

Umberto Nobile e Duncan Grant sono stati entrambi carismatici e creativi. Nobile fu inizialmente osannato dal regime fascista e godette di grande popolarità, per poi essere ostacolato e quasi perseguitato, al punto da dover lasciare il Paese e trasferirsi all'estero. Il carisma di Grant si manifestò invece nella parte affettiva della sua vita e nelle relazioni amorose con importanti uomini del suo tempo. Il lato creativo di quest'ultimo si manifestò nella pittura, mentre Nobile progettò e fece realizzare aerei e dirigibili. Furono uomini coraggiosi, seppure in ambiti molto diversi: Nobile con le sue rischiose esplorazioni artiche, Grant sfidando la morale comune e la legge penale inglese in vigore all'epoca, che comminava il carcere a chi praticava rapporti omosessuali. La pittura dell'artista non ne faceva mistero, e più di una sua tela manifesta scenari dal sapore omoerotico.

Alcune tendenze indicate dalla carta del cielo non furono, a quanto ne sappiamo, manifeste alla stessa maniera. Mentre la congiunzione Mercurio-Venere richiama una predisposizione all'arte, pienamente esplicitata in Grant, non altrettanto si può dire per Nobile, salvo diverse informazioni provenienti da un approfondito esame biografico. E mentre il Saturno presente in casa XII di Nobile ha trovato reiterata concretezza nelle numerose e sofferte prove che dovette subire a seguito della fallita spedizione artica del 1928, nulla sappiamo al riguardo di Grant.

La vita dei due gemelli astrali fu altrettanto lunga: vissero fino a 93 anni e morirono a pochi mesi di distanza. Il primo ad andarsene fu Grant, l'8 maggio 1978, seguito poco dopo da Nobile il 30 luglio.

A oroscopi uguali non corrispondono quindi vicende di vita uguali, lo sapevamo già per l'insegnamento tramandatoci nei secoli dai grandi astrologi; a essi tuttavia corrispondono atteggiamenti caratteriali simili, confermando in ciò uno dei pensieri base dell'astrologia psicologica, secondo la quale l'archetipo rilevato dallo studio della carta natale si esplicita in un largo ventaglio di manifestazioni che tuttavia hanno un fondo comune. Ed è quel fondo comune che spetta all'astrologo enucleare e interpretare a beneficio del consultante che, con la sua libertà d'azione – tanto più grande quanto maggiore sarà il suo livello di consapevolezza – dirigerà la sua navicella verso l'uno o l'altro approdo.

Nome: ♂ Umberto Nobile
nato il mer. 21 gennaio 1885
a Lauro, ITALY
14e38, 40n53

Ora :   15:15
Tempo Univ.: 14:25:04
Tempo Sid.:   23:28:03

Carta natale (Metodo: Astrowiki / Placido)
Segno Solare: Acquario
Ascendente: Cancro

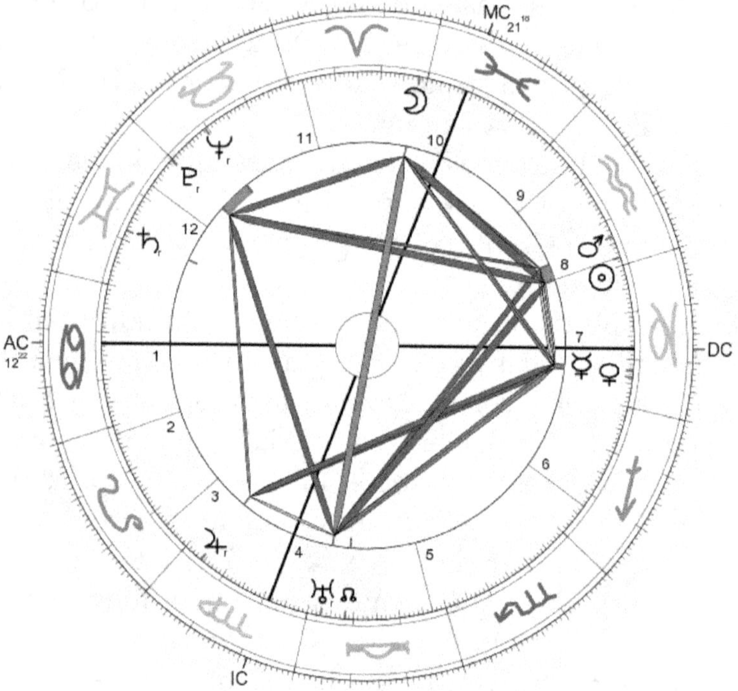

		C	F	M
F	☽			
A		♅ ☊	☉ ♂	♄ ♇
T		☿ ♀	♆	♃
A		AC		MC

	Sole	♒	1° 47' 25"	Esilio
☽	Luna	♈	1° 38' 58"	
☿	Mercurio	♉	7° 38' 23"	
♀	Venere	♉	6° 20' 12"	
♂	Marte	♒	6° 29' 37"	
♃	Giove	♍	4° 18' 3"r	Esilio
♄	Saturno	♓	17° 55' 15"r	
♅	Urano	♎	2° 50' 7"r	
♆	Nettuno	♉	20° 33' 10"r	
♇	Plutone	♊	0° 16' 52"r	
☊	Nodo Medio	♎	8° 8' 53"	
⚷	Chirone	♓	4° 33' 17"r	
⚸	Lilith	♐	28° 21' 47"	

AC: ♋ 12° 21' 49"   2: ♌ 1° 50'   3: ♍ 23° 44'
MC: ♓ 21° 18' 19" 11: ♈ 27° 1' 12: ♊ 7° 8'

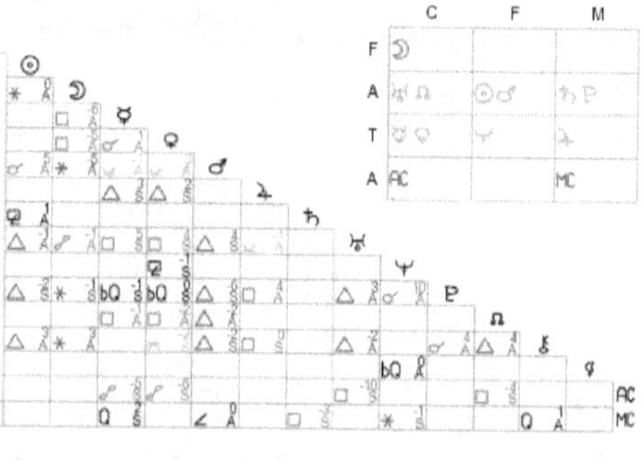

Nome: ♂ Duncan Grant
nato il mer. 21 gennaio 1885
a Rothiemurchus, Scotland
3w51, 57n08

Ora :   15:10
Tempo Univ.: 15:10
Tempo Sid.:   22:59:11

ASTRO DIENST
www.astro.com

Tipo: 2.ATW 0.0-1 4-Okt-2017

Carta natale (Metodo: Astrowiki / Placido)
Segno Solare: Acquario
Ascendente: Cancro

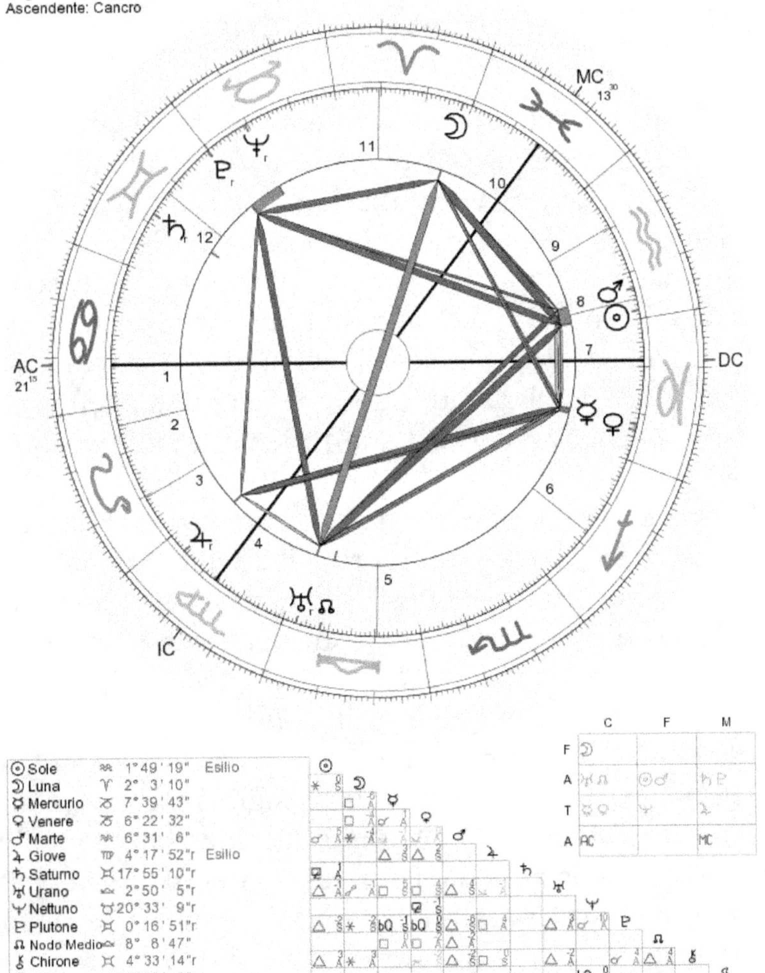

			C	F	M
F	☽				
A			☉♂	♄♇	
T	☿♀		♆	♃	
A	AC			MC	

☉ Sole	♒ 1° 49' 19"	Esilio	
☽ Luna	♈ 2° 3' 10"		
☿ Mercurio	♓ 7° 39' 43"		
♀ Venere	♑ 6° 22' 32"		
♂ Marte	♒ 6° 31' 6"		
♃ Giove	♍ 4° 17' 52"r	Esilio	
♄ Saturno	♓ 17° 55' 10"r		
♅ Urano	♎ 2° 50' 5"r		
♆ Nettuno	♉ 20° 33' 9"r		
♇ Plutone	♊ 0° 16' 51"r		
☊ Nodo Medio	♎ 8° 8' 47"		
⚷ Chirone	♊ 4° 33' 14"r		
⚸ Lilith	♐ 26° 22' 0"		
AC: ♋ 21° 15' 15"	2: ♌ 4° 13'	3: ♍ 20° 23'	
MC: ♓ 13° 29' 49"	11: ♈ 20° 35'	12: ♉ 12° 33'	

17

LARA E LE SUE COMPAGNE. LE DISSONANZE LUNA-URANO NEI TEMI NATALI FEMMINILI

La lettura di un'intervista recentemente rilasciata della scrittrice Lara Cardella (ed un'altra di Alba Parietti a pochi giorni di distanza) ha costituito lo stimolo ad approfondire un aspetto planetario a mio avviso di notevole rilevanza in un tema natale femminile. Mi riferisco agli aspetti dissonanti tra Luna e Urano (ivi inclusa la congiunzione), anche se sono perfettamente consapevole che l'esame di un cielo di nascita non può basarsi sullo studio frammentato di singoli aspetti, ma deve essere valutato nel suo insieme, in una visione di sintesi.

Diamo preliminarmente uno sguardo assai rapido ai due pianeti in gioco, poiché farei torto all'intelligenza dei lettori di questa rivista se volessi dilungarmi a illustrare il simbolismo di questi due astri, sui quali sono stati versati fiumi e fiumi d'inchiostro. Mi limito pertanto a riportare un brano di Esther Harding riferito alla Luna:

«Il simbolo che sopra tutti gli altri ha nel corso dei tempi significato la donna, non nella sua somiglianza con l'uomo ... ma nella sua differenza dall'uomo, distintamente femminile in contrasto con la mascolinità di lui, è la Luna. Nella poesia, sia moderna che classica, e da tempo immemorabile nel mito e nella leggenda, la Luna ha rappresentato la divinità della donna, il principio femminile, così come il Sole, con i suoi eroi, simbolizzava il principio maschile. Per l'uomo primitivo, per il poeta e per il sognatore di oggi, il Sole è maschile e la Luna femminile. La Luna, all'inizio in connessione alla fertilità e più tardi come dea, è stata considerata in tutti i tempi in un peculiare rapporto con le donne.[10]»

È quindi possibile stabilire un'equivalenza simbolica tra la Luna e la donna. Secondo diversi astrologi, la posizione della Luna nel tema natale di una donna assume particolare importanza, perché ne esprime la sua femminilità, il suo modo di collocarsi nel mondo con il suo essere donna. Studiando una genitura femminile, dobbiamo di conseguenza porre particolare attenzione alla posizione della Luna, per segno, casa e aspetti formati con altri pianeti.

Per quanto riguarda Urano, sotto un certo angolo visuale – quello intellettuale, cerebrale – lo vedo bene come "l'ottava superiore" di Saturno, con il quale condivide la signoria dell'Acquario. Non va a mio avviso dimenticata la loro comune razionalità. Tuttavia l'intelligenza di stampo uraniano è decisamente intuitiva ed estrovertita, in contrasto con quella saturnina, di stampo logico-deduttivo e introvertita. L'intuizione richiama alla mente l'elemento Fuoco (il "lampo" di genio; "mi si è accesa la lampadina", e in effetti considero Urano di natura calda e secca, dunque un pianeta di Fuoco, passionale ed estrovertito. L'uraniano tipo è un individuo fortemente individualista, portato ad affermarsi distaccandosi dall'ambiente, a volte suscitando contrasti originati dalla sua sete di libertà e autonomia. Martine Barbault classifica Urano tra i pianeti maschili, di

---

[10] M. Ester Harding, *I misteri della donna*, Astrolabio, Roma, 1973, p. 30

Super-Io, e cerebrali.[11] André Barbault traccia una figura costituita dall'intersecazione della linea dell'orizzonte con quella del meridiano e la chiama "croce del ciclo diurno". Sviluppando un ragionamento troppo lungo per essere riportato qui, procede a collocare alla sommità di questa croce tre pianeti "caldi" di "mezzodì": Sole, Giove e Urano, e Luna, Saturno, Nettuno alla mezzanotte.[12]

Quello tra i valori lunari e uraniani è decisamente un contrasto assai netto. Ascoltiamo ancora la voce del Maestro francese:

«S'intuisce che il rapporto Luna-Urano – unione di Acqua e Fuoco – sia complesso, dagli effetti più svariati. Il mondo della natura di fronte a quello che da lei si allontana, per incompatibilità. Se la salsa si amalgama, abbiamo una febbrilità lunare, ma frequentemente la salsa rischia d'inacidirsi. ... Urano nutre avversione per il femminile. La donna tende a imbrigliare la sensibilità, a distanziarsi dalla propria femminilità, come per dominarla, il che la induce ad "affrancarsi."[13]»

Che cosa ne pensano le donne impegnate in astrologia? Un buon testo, forse poco conosciuto, ce lo rivela. Commentando gli aspetti Luna-Urano, Floriana Bossi e Adele Niccolai, scrivono:

«I rapporti della Luna con Urano sono specifici di una forte spinta interna a liberarsi dei condizionamenti a costo

---

[11] Martine Barbault, *Méthode d'interprétation en astrologie*, Bussière, Paris, 1997.

[12] André Barbault, *Uranus-Neptune Pluton*, Éditions Traditionnelles, Paris, 2002, p. 11, 12.

[13] *Op. cit.*, p. 120, 121.

della propria sicurezza (la Luna, ricordiamo, è anche significante del condizionamento e del bisogno di sicurezza), una spinta fatta di impulsività e di impazienza che, agli altri, può sembrare incoerente: mai come in questi casi, infatti, l'emozionalità lunare ha una tale drammatica mutevolezza. Gli aspetti "difficili", naturalmente, enfatizzano queste tendenze con le immaginabili conseguenze disastrose nella vita affettiva, anche se stimolano maggiormente le facoltà intellettuali, l'estrosità e l'originalità del talento personale. Una persona con la Luna in rapporto a Urano diventa ipersensibile nei confronti delle proprie idee e della propria libertà di pensiero, ed è pronta a combattere per l'indipendenza e l'eguaglianza dei diritti ma, nel caso di una quadratura e specialmente di un'opposizione, la realizzazione delle sue reali necessità sarà più difficile perché la violenza della ribellione ostacola i bisogni dell'anima e del corpo. L'individuo con un Urano così stimolato si rifiuta di stare entro i propri limiti, è pronto a perdere tutto, gli averi e gli affetti e perfino la vita per abbandonarsi all'impeto della sua rivolta, pur sapendo che ne sarà la prima – e forse unica – vittima. Nella donna è forte la ribellione al ruolo tradizionale.[14]»

Passiamo ora in rassegna qualche caso di studio.

Lara Cardella (Licata, 13 novembre 1969 alle 15:00. Anagrafe) conosce presto il successo: a soli 19 anni pubblica il romanzo *Volevo i pantaloni*, che venderà due milioni di copie e sarà tradotto in dieci lingue. Ma a Licata è scandalo

---

[14] Floriana Bossi e Adele Niccolai, *È colpa della Luna*, MEB, Torino, 1982, p. 106, 107.

perché osa raccontare i condizionamenti di un ambiente chiuso e violento, dove è normale che una ragazza venga ripetutamente stuprata dal padre. Si trasferisce a Roma, si dà alla gioia di vivere, fa l'amore con 300 ragazzi, li preferisce già impegnati, per non doversi a sua volta impegnare. Attualmente è gravemente malata, ma fuma il sigaro e non ha perso nulla della sua combattività. Al giornalista dichiara: «Ho un cancro, a maggio mi hanno tolto una parte di polmone e delle costole: ora mi sto sottoponendo a radioterapia. Però hanno scoperto che ho pure un aneurisma al cervello e a dicembre mi dovrò operare di nuovo. Ma non ho paura, con la morte ho sempre convissuto.[15]» Il cielo natale di Lara espone una potente quadratura Luna-Urano angolare tra Luna-Medio Cielo e Urano-Discendente. La ribellione viene amplificata da altri fattori astrologici, tra cui spicca quello rappresentato dalla presenza di tre pianeti in Scorpione in casa VIII.

Alba Parieti (Torino, 2 luglio 1961 alle 7:20. Anagrafe) non abbisogna di presentazione. Spirito battagliero, nella sua vita ha detto molte volte "no". Il suo problema esistenziale è dato dalla problematicità dei suoi rapporti amorosi; teme di annoiarsi e si consegna ad "amori malati e tormentati". "Sono sempre andata contro il potere, non femminista, parola che non amo, ma femmina libera" dichiara all'intervistatrice.[16]" Il cielo natale di Alba espone una Luna-Pesci (governatrice del suo segno zodiacale del Cancro)

---

[15] Intervista di Alessandro dell'Orto, pubblicata su Liberoquotidiano.it del 19/10/2016.

[16] Intervista di Alessandra Menziani pubblicata su Libertoquotidiano.it del 17/10/2016.

particolarmente importante; lancia aspetti in gran parte dissonanti, tra cui spicca l'opposizione con Urano, come pure l'opposizione con la congiunzione Marte-Plutone.

Oriana Fallaci (Firenze, 29 giugno 1929 alle 23. Anagrafe). Le viene attribuito un aforisma, secondo cui "Il compito dell'uomo non è accontentarsi: è ribellarsi. Solo attraverso la ribellione si può cercare la verità." Un articolo apparso su *La Gazzetta di Parma* del 3/12/2013 (a firma Anna Folli) s'intitola *La ribelle che sfidò il potere* e dipinge il ritratto di una "giornalista che è sempre contro, sempre all'opposizione". La nascita di Oriana Fallaci fu contrassegnata dalla congiunzione Luna-Urano in I casa, nel focoso segno dell'Ariete.

Alda Merini (Milano, 21 marzo 1931 alle 5:00. Anagrafe). Anche questa straordinaria poetessa nacque all'insegna di una congiunzione Luna-Urano nel segno dell'Ariete. In un articolo scritto nel maggio 2006[17] Alda riporta l'atroce esperienza della reclusione manicomiale e scrive: "Mi ribellai. E fu molto peggio … Non era forse la mia una ribellione umana? Non chiedevo io di entrare nel mondo che mi apparteneva? Perché quella ribellione fu scambiata per un atto di insubordinazione?"

Ho portato un piccolo scampolo di esempi riferiti a donne italiane abbastanza conosciute al grande pubblico. Desidero ora ampliare queste brevi note richiamando l'attenzione su un paio di personaggi d'Oltralpe, altamente illustrativi dell'aspetto astrologico in questione. I dati di nascita,

---

[17] https://www.ok-salute.it/benessere/addio-alda-merini-il-suo-racconto-degli-anni-in-manicomio/ (consultato il 9/11/2016).

certificati dall'anagrafe, sono tratti dal libro *Astralités des femmes illustres*.[18]

Rosa Bonheur (Bordeaux, 16 marzo 1822 alle 20:00. Anagrafe) Donna emancipata, conduce una vita eccentrica all'insegna dell'originalità e della ribellione alle convenzioni sociali. Fuma sigari e porta i pantaloni, nell'epoca in cui una donna, per farlo, necessitava di apposita autorizzazione della polizia, da rinnovare obbligatoriamente ogni sei mesi. Pur essendo una pittrice assai apprezzata del suo tempo, «Rosa oggigiorno si distingue maggiormente come figura eroica dell'emancipazione femminile. Rinuncia radicalmente alle caratteristiche proprie del suo sesso, da donna libera, vivendo con brio. Questa donna vigorosa si assume pienamente la responsabilità della propria omosessualità...», scrivono André e Anne Barbault. Nell'oroscopo di nascita, osserviamo, tra l'altro, la triplice congiunzione Luna-Urano-Nettuno. Anche Plutone gioca un ruolo importante nel suo cielo natale.

Colette (Saint-Sauveur-en-Puisaye, 28 gennaio 1873 alle 22:00. Anagrafe). Sul sito internet della RAI3 leggiamo: «Colette è una delle grandi protagoniste della sua epoca, un mito nazionale: oltre che scrittrice prolifica è stata attrice di music-hall, spesso nuda durante le sue esibizioni, autrice e critico teatrale, giornalista e caporedattore, sceneggiatrice e critico cinematografico, estetista e commerciante di cosmetici. Ha avuto tre mariti e un amante più giovane di lei di trent'anni, più volte è stata al centro di scandali per le sue

---

[18] André et Anne Barbault, *Astralités des femmes illustres*, Rocher, Monaco, 1998. (Trad. it. : *Astrologia delle donne illustri*, Amazon, 2017)

disinibite relazioni sentimentali con alcune personalità mondane, di ambo i sessi, della società francese. Pur non provando simpatia per le femministe della sua epoca, la sua vita e la sua opera letteraria sono la testimonianza di una donna libera, anticonformista ed emancipata, che sfida le convenzioni e le restrizioni morali dell'epoca.[19] » L'oroscopo è caratterizzato dal Grande Quadrato, in cui spicca per importanza la congiunzione Sole-Luna in Acquario, in opposizione a Urano.

Certamente si potrebbe continuare a lungo, proponendo esempi su esempi; mi auguro tuttavia che queste note abbiano raggiunto lo scopo di sollecitare una riflessione su questo particolare aspetto astrologico, di particolare rilevanza in un tema natale di donna. Resta purtroppo ancora tutta da fare un'astrologia "al femminile", in cui il catalogo degli aspetti astrologici venga declinato alla luce delle particolarità della psiche dell'"altra metà del cielo", un compito che solo un'astrologa sarebbe in grado di svolgere adeguatamente.

---

[19] http://www.perunpugnodilibri.rai.it/dl/portali/site/articolo/ContentItem-2f6a962e-e894-4b45-a398-0b93e325626d.html (consultato il 11/11/2016).

PLUTONE AL FEMMINILE

Come spesso accade, uno stimolo esterno – che probabilmente rispondeva e corrispondeva a un'esigenza interiore – è stata la molla che ha fatto scattare un meccanismo d'interesse verso la tematica delle manifestazioni di Plutone "al femminile", ossia nella vita di donne che espongono questo pianeta in posizione dominante (o particolarmente significativa) nella carta del cielo natale.

Nel caso specifico, questo stimolo fu dato da una trasmissione televisiva: *La grande avventura dell'arte* andata in onda su Rai5 in data 19 gennaio 2017, in cui veniva tratteggiata la figura della straordinaria e intrepida fotoreporter Gerda Taro.

Prima di procedere, occorre però ancora una volta ricordare che un singolo aspetto va sempre esaminato e considerato nel quadro di in un tema natale nel suo complesso, poiché inevitabilmente l'estrapolazione da un insieme servirà solo a dare un'idea di massima del ventaglio delle valenze di base dell'aspetto stesso. Di conseguenza, sarà l'interezza del tema natale che potrà illuminarci sulla concreta manifestazione della configurazione esaminata, fermo restando che il soggetto avrà sempre la libertà di dirigersi vero il polo positivo o negativo dell'archetipo.

Come viene pertanto commentato l'aspetto di congiunzione Luna-Plutone?

Tra le tante interpretazioni, ho voluto riportare quella di due donne, Martine Barbault e Danièle Barbault.

«Combinazione di un pianeta di sensibilità e "d'anima" con un altro di pulsioni aggressive o erotiche; da qui, amori appassionati in cui si mescolano sentimenti estremi, nel quadro di una dialettica amore-odio. Tale ambivalenza o estremismo dei sentimenti sta in rapporto con una forte e pregnante relazione con la madre. Si evidenziano diversi casi, di cui il più semplice è quello della madre morta prematuramente. Ma il rapporto madre (Luna) – morte (Plutone) può essere vissuto a livello fantastico o inconscio: la madre è "mortifera" sia deliberatamente (castratrice, violenta oppure odia il suo bambino) sia inconsciamente (proietta le proprie angosce di morte e le sue ossessioni sul bambino che viene da lei indirettamente traumatizzato). In alcuni casi, la gravidanza della madre o la nascita del bambino è avvenuta in un'atmosfera cupa o drammatica. In altri casi, è il bambino che è astioso (desiderio di morte rimosso, più o meno inconscio, nei confronti della madre, "appassionatamente" detestata). A volte la relazione sembra armoniosa, anche troppo, e la madre viene percepita onnipotente, investita di un'autorità e di un potere enormi, al punto che il bambino (e più tardi l'adulto) si sente perduto senza di lei. In ogni caso, la madre è percepita pericolosa; i rapporti affettivi sono appassionati (amore – odio) e quindi spesso colorati di colpa. La donna può aver vissuto un rapporto di potere con la madre e tenderà – spesso inconsapevolmente – a esercitarlo a sua volta nei rapporti con gli uomini, tramite seduzione o autoritarismo. A volte è inconsapevole della sua attrattiva, in particolare sugli uomini. L'uomo può assumere due atteggiamenti nei confronti della donna, in rapporto al legame positivo o negativo intrattenuto con la madre: sia diffidente, ostile o aggressivo, sia completamente affascinato (attratto dall'aspetto erotico della donna) e sottomesso.» (*Dictionnaire des aspects astrologiques*).

Gerda Taro (Stuttgart, 1 agosto 1910 alle 12:30) nacque sotto il segno del Leone, con il Sole perfettamente incollato al Medio Cielo. Fieramente antinazista, è costretta ad abbandonare la Germania insieme alla famiglia, e nel 1934 la troviamo a Parigi dove incontra il fotografo Robert Capa. Si piacciono, si amano, sono i primi fotoreporter (lei la prima donna in assoluto) a coprire la terribile guerra civile spagnola; Gerda è sempre in prima linea, rischia la vita per documentare il conflitto. Indipendente e intraprendente, presto si mette in proprio e la troviamo a coprire da sola il bombardamento di Valencia, poi la battaglia di Brunete. È sempre bella, sorridente, coraggiosa, solare. È il 26 luglio 1937, e Gerda si spegne a soli 26 anni, ma non sotto un bombardamento o per una pallottola, muore per via di uno strano incidente dove tutto sembra congegnato per mettere la parola fine alla sua vita. Sale sul predellino di un automezzo per il trasporto di feriti, che viene investito da un carro armato in manovra. Nel suo cielo di nascita osserviamo la Luna congiunta a Plutone in Gemelli, nella casa VIII. La morte precoce fu la rivincita del dio delle tenebre verso un Sole troppo luminoso, o «indice di una ineluttabile "forza del destino" insieme grandiosa e tragica» (Sementovsky)? Non lo sapremo mai.

Troviamo analoga congiunzione Luna-Plutone in Gemelli (ma con il solo Plutone in Casa VIII) nel cielo natale della grande attrice Bette Davis (Lowell, Massachusetts, 5 aprile 1908 alle 21:00). Una vita non facile, fatta di fallimenti matrimoniali (si sposò quattro volte), un'odiografia scritta dall'unica figlia biologica, una vecchiaia devastata dalle malattie. Vita fatta di solitudine, pur compensata dai grandi successi artistici, che mette a frutto straordinarie capacità recitative quasi per colmare un deficit di bellezza fisica. Nel 1985 (lei ha 77 anni, ed è in pessime condizioni di salute, dopo essere stata operata di cancro al seno, oltre ad aver sofferto un ictus che le lascia paralizzato il lato sinistro del corpo, e impedita nel linguaggio) esce il libro della figlia B. D. Hyman, dal titolo *My mother's keeper* (La custode di mia madre), in cui Bette viene dipinta a tinte fosche e accusata di ogni possibile crudeltà e misfatto nei confronti della figlia. Fortunatamente, le cose non stavano esattamente così e l'ingrata ottenne il risultato di sollevare un'ondata di sdegno, commozione e solidarietà a vantaggio della vecchia attrice malata, che tuttavia ne uscì provata al punto da decidersi di diseredare la suddetta B. D. Hyman (Barbara Davis, nata a Santa Ana, California, il 1 maggio 1947 alle 7:14), diventata pia pastore protestante della chiesa dei Cristiani Rinati e savia guida della congrega di Charlottesville, Virginia. Guarda caso, il tema natale della figlia espone una perfetta quadratura Sole-Plutone, e la Luna in semiquadratura con quest'ultimo.

Anche il cielo natale dell'intrepida aviatrice Amelia Earhart (Atchison, Kansas, 24 luglio 1897 alle 23:30) mostra una strepitosa quadruplice congiunzione Luna-Plutone-

Venere-Nettuno in Gemelli. La congiunzione Luna-Plutone si trova in quadratura alla congiunzione Marte-Giove in Vergine. André Barbault avanza l'ipotesi che un complesso d'inferiorità femminile compensato stia all'origine dell'eroismo dell'aviatrice. Dopo aver letto decine di frasi celebri attribuite ad Amelia, ritengo che si manifesti maggiormente all'esterno il grande spirito di autonomia e indipendenza del soggetto, leggibile nel trigono Sole-Urano. Quest'ultimo pianeta, oltre a essere tradizionalmente collegato all'aviazione, è strettamente congiunto a Saturno in casa VII. L'oroscopo di Amelia è, in pratica, un raro esempio di tipo "congiunzionale" (secondo la classificazione di von Klöckler), in cui tutti i pianeti dell'oroscopo si trovano in questo aspetto. La pioniera dell'aviazione femminile scomparve il 2 luglio 1937 mentre stava trasvolando l'oceano pacifico.

Tornando al campo della gente dello spettacolo, ecco Anne Heche (Cleveland, Ohio, 25 maggio 1969 alle 16:51), attrice, regista, sceneggiatrice. Personalità difficile e tormentata, la cui vita è stata segnata dagli abusi sessuali a opera del padre (così scrive nell'autobiografia *Call me crazy*; il padre morì in seguito di AIDS), dalla morte del fratello diciottenne, dalla morte della sorella maggiore Susan, da disturbi mentali, dalle droghe. Un rapporto problematico con la madre e la sorella Abigail, ripetuti fallimenti matrimoniali e relazionali. Potrebbe essere solo un'altra storia di notevole successo professionale coniugata con una disastrosa vita personale, come se ne trovano tra le star di Hollywood, ma un particolare dettaglio riferito nel suo libro ha richiamato la mia attenzione, come si vedrà. Scorrendo le sue astralità, notiamo subito il grumo di pianeti costituito dalla quadruplice congiunzione Luna-Plutone-Giove-Urano in Vergine, tra la casa XI e XII. Il tutto corroborato dalla presenza di Sole-Mercurio in Gemelli in casa VIII: Certo, è difficile scomporre l'aspetto lunare nelle sue componenti, tuttavia ritengo che sia prevalente (se così si può dire) l'aspetto Luna-Plutone, per il richiamo operato dalla casa VIII. André Barbault ha dimostrato la stretta connessione tra Plutone-Scorpione e il complesso anale freudiano, e lo psicoanalista alsaziano René Laforgue, ha collega Plutone agli escrementi. Anne in *Call me crazy* racconta una visione avuta sotto l'effetto dell'LSD come segue: «Mi vidi come una merda. ... Dapprima stavo guardando la mia merda nella tazza del gabinetto, poi io ero la mia merda. Proprio così, ogni piccola parte di me era merda, e non potevo farci niente. Io *ero* quella. Certo, era tutto mentale, ma la mia mente ha visto merda. Potevo sentirla su di me, in me e attorno me. Non potevo sfuggirle, mi strangolava, mi torturava, mi soffocava.» (p. 150)

Anche Carla Bruni (Torino il 23 dicembre 1967 alle 18:10) è dotata di una triplice congiunzione Luna-Plutone-Urano in Vergine, angolare al Fondo Cielo, che però sembra aver accompagnato ben altri risultati, almeno per quel che sappiamo. In questo caso, Urano parrebbe assumere un ruolo guida, poiché si trova in stretta quadratura con il Sole, per quanto la più stretta congiunzione Luna-Plutone (scarto di solo 1°) sia corroborata dalla presenza di Marte in casa VIII e la congiunzione Venere-Nettuno in Scorpione. Si tratta verosimilmente di una doppia dominante, come spesso è accaduto ai nati tra il 1967 e il 1969, segnati dalla congiunzione Urano-Plutone in Vergine, a cui in qualche caso si è aggiunto Giove a far da amplificatore. Da non trascurare il fatto che Plutone riceve anche un sestile da Venere-Scorpione, il che indubbiamente accresce il fascino del soggetto, e di cui forse se n'è servito per conseguire molteplici scopi. Modella, cantautrice, definita "mantide" e "sanguisuga con un sorriso da Terminator" da Justine Levy, a cui aveva rubato il marito, si è sempre dichiarata di sinistra (per poi confessarsi "sarkozista e ultrasarkozista"). Si dice che si sia attivata per impedire l'estradizione in Italia «della brigatista Marina Petrella, già condannata in Italia all'ergastolo per l'omicidio di un agente di polizia, tentato sequestro e tentato omicidio, sequestro di un magistrato, rapina a mano armata e vari attentati. ... Secondo la stampa brasiliana, è intervenuta presso il Ministro della Giustizia brasiliano (il quale ha confermato) a favore della decisione di concedere asilo politico all'ex-terrorista Cesare Battisti» (fonte: *Wikipedia* italiano). Nel 2008 si è sposata con l'allora presidente della repubblica francese Nicholas Sarkozy. Una donna di potere, tuttavia versatile e creativa.

Sulla regista Liliana Cavani (Carpi, 12 gennaio 1933 alle 3:45) ho scritto a suo tempo alcune righe che mi permetto di riportare.

«È ancora un'opposizione Sole-Plutone (quest'ultimo congiunto strettamente alla Luna-Cancro), che domina – tra la casa II e l'VIII – la genitura della regista Liliana Cavani; dominante assistita – come non poche volte accade negli attori e nelle persone creative in genere – da un Nettuno svettante al Medio Cielo. Un'infanzia segnata dalla morte, che incontra per la prima volta a 6 anni entrando di soppiatto all'obitorio, poi a 8 anni sotto forma di una salma esumata al cimitero, e ancora nel cadavere della mamma di un piccolo amico, deposta nella cassa. Poi, durante i terribili anni della Resistenza antifascista, la vista di 16 partigiani uccisi in piazza, un cumulo di corpi ammonticchiati ancora grondanti di sangue. Una personalità complessa, irrequieta, tuttavia dotata di una spiritualità che si manifesta nella sua fascinazione per San Francesco e il tibetano Milarepa. Scava i suoi personaggi, con l'aiuto della psicoanalisi. Ne *Il portiere di notte* il protagonista è un ex ufficiale nazista, che nel dopoguerra vive nell'ombra insieme ai suoi camerati, e intreccia un rapporto sadomasochistico con una ex internata. Porta sullo schermo *La Pelle* tratto dall'omonimo romanzo del plutoniano Curzio Malaparte.

Nel corso di un'intervista, le viene chiesto: "L'individuo alla fine ci salverà?" Cavani risponde testualmente come segue: "Salvarci da che cosa? Forse dalla banalità, dalla volgarità? Dalla morte? Dalla morte no perché la morte non esiste, lo dico seriamente. Ne convengono tutte le religioni. D'accordo con la scienza, bisogna ammettere delle trasformazioni sulle quali però siamo ancora troppo ignoranti. Dio è vita comunque. I Vangeli sono un testo serio. E la Speranza è la virtù più civile che ci sia.» (*Incursione nei regni inferi. Analisi astropsicologica di Plutone*, p. 46, 47)

Come Liliana Cavani, anche Assunta Maresca, detta "Pupetta" (Castellammare di Stabia, 19 gennaio 1935 alle 11:00) espone un'opposizione Sole-Plutone tra Capricorno e Cancro, con la Luna strettamente congiunta a Plutone. Ma

Pupetta non è un'artista, cresce in una ambiente criminale, ha commesso gravi reati, ha ucciso, è stata in carcere e, dopo essere rimasta vedova del primo marito, ha sposato un camorrista. Anche il primo figlio è stato ucciso, ma il corpo non fu mai ritrovato. Un'altra vita difficile.

Rileviamo la triplice congiunzione Luna-Mercurio-Plutone angolare all'Ascendente in Vergine nel cielo natale di Veronica Ciccone (in arte Madonna, nata a Bay City, Michigan, il 16 agosto 1958 alle 7:05. Ora non confermata). Anche il Sole, pur in Leone, è in orbita di congiunzione con Plutone; una dominante indubbiamente plutoniana. Cantautrice, ballerina, attrice di successo. Uno stupro subito all'età di 19 anni, vita movimentata, due matrimoni, numerose relazioni sentimentali fallite, due figli avuti da uomini diversi, diversi figli adottivi del Malawi (paese povero africano a cui si sente legata), atteggiamenti trasgressivi e sessualmente provocanti, in cui non manca di mettere generosamente in mostra le sue grazie. Pare sia l'artista musicale più ricca del mondo, ed è ancora seguita da milioni di fan.

Il pezzo forte nell'oroscopo della campionessa di ciclismo Fabiana Luperini (Pontedera, 14 gennaio 1974 alle 00:20) è un formazione a triangolo isoscele, di cui la strettissima congiunzione Luna-Plutone in Bilancia (in casa XII, in zona Gauquelin rispetto all'Ascendente) costituisce la punta superiore. Gli altri due vertici di questa bella configurazione sono Nettuno-Sagittario e Venere-Acquario. Ha vinto cinque Giri d'Italia e tre Tour de France. Un'atleta dalla tempra eccezionale.

Nel cielo natale di Allegra Gucci (Milano, 27 gennaio 1981 alle 1:35. Orario proveniente da fonte indiretta) troviamo l'identica formazione a triangolo isoscele appena vista: una perfetta congiunzione Luna-Plutone in Bilancia in casa XII (fuori zona Gauquelin rispetto all'Ascendente, se l'ora di nascita è corretta) in sestile a Nettuno-Sagittario e in trigono a Marte angolare al Fondo Cielo. Decisamente una dominante plutoniana, e non solo per via della congiunzione Luna-Plutone: anche Marte angolare al Fondo Cielo in trigono a Luna-Plutone, l'Ascendente in Scorpione parlano in tal senso. All'età di 14 anni eredita dal padre Maurizio Gucci, stilista, fatto assassinare dalla moglie (e madre del soggetto) Patrizia Reggiani, a sua volta dotata di un trigono Sole-Plutone, con quest'ultimo pianeta collocato in casa VIII.

La forte dotazione plutoniana di Margrethe II, regina di Danimarca (Copenhagen, 16 aprile 1940 alle 10:10. Archivio Rodden) si è espressa in modo per nulla problematico, almeno a quanto ne sappiamo. La regina è una donna estremamente colta e creativa in varie sfere artistiche; ma ciò che l'appassiona di più è l'archeologia, avendo partecipato a numerosi scavi, anche in Italia. Il rapporto di Plutone con l'ancestrale, il primitivo, è stato illustrato da André Barbault nel suo *Uranus Neptune Pluton* con diversi esempi di archeologi, paleontologi e speleologi di vaglia.

Emmy Noether (Erlangen, 23 marzo 1882 alle 20:00. Archivio Rodden) non fu attrice o atleta, bensì una straordinaria e geniale matematica. Soffrì la persecuzione nazista in quanto ebrea, e nell'aprile del 1933 fu privata della cattedra universitaria. Alla nascita, la Luna, appena entrata in Gemelli, stava in triplice congiunzione con Plutone e

Giove, entrambi in Toro e tutti e tre in casa VIII. Emmy morì prematuramente a 53 anni in seguito ai postumi di un intervento chirurgico per la rimozione di un tumore presente nella cavità pelvica e di una grossa cisti ovarica.

Ancora una volta dobbiamo prendere atto che, malgrado ogni sforzo interpretativo, le concrete manifestazioni simboliche di volta in volta ci sfuggono, perché assumono connotati sempre diversi in relazione al complesso dei fattori extra astrologici che caratterizzano il singolo individuo. E qui sta il limite dell'interprete. Certamente, è possibile individuare lo sfondo comune al plutoniano (nel caso specifico, declinato al femminile), che potremmo intravedere nell'esasperazione della passione che lo attanaglia, lo incalza e non gli dà tregua. Un pozzo profondissimo da cui possono risalire miasmi o smisurate tensioni creative, dove il crimine si mescola al sesso e il sesso all'arte, dove il desiderio di scavare fisicamente o metaforicamente (nelle proprie e altrui profondità) si alterna o coesiste con la discesa agli inferi. Parafrasando una frase in voga alcuni anni fa ("è l'economia, bellezza") in conclusione diremo: è Plutone, bellezza!

LA CONGIUNZIONE LUNA-NETTUNO NEGLI OROSCOPI FEMMINILI

Tempo fa mi è capitato di rileggere un testo di Toni Wolff pressoché sconosciuto in Italia, originariamente pubblicato in tedesco nel 1951 in una rivista specializzata, e successivamente tradotto in inglese nel 1956 col titolo *Structural forms of the feminine psiche*. Dispongo della fotocopia di una traduzione italiana (per altro in diverse parti divergente e assai sviluppata rispetto alla versione inglese) che ha assunto il nome di *Alcune considerazioni sul processo d'individuazione nelle donne* ma di cui non sono purtroppo in grado di comunicare i riferimenti bibliografici.

Innanzitutto, chi era Toni Wolff? Di lei basterà dire che fu una preziosa collaboratrice di C. G. Jung, che contribuì a chiarificare alcuni concetti base del Maestro svizzero, e che con lui intrattenne una lunghissima relazione amorosa. La costante presenza di Toni Wolff nella vita di Jung assume un'importanza che solo da pochi anni ha potuto essere adeguatamente compresa ma su cui sorvolo, non riguardando specificamente l'oggetto di queste note.

Osserviamo il cielo natale di Toni, nata a Zurigo il 18 settembre 1888 alle ore 2:30 (Archivio Rodden). È una genitura largamente dissonante il cui punto di coagulo sembra essere la congiunzione Nettuno-Plutone in casa X. Mi ha colpito il fatto che la Luna-Pesci lanciasse aspetti a tutti i pianeti coinvolti in questo triangolo dissonante, tra i quali appunto figura Nettuno. Pare che Jung fosse presto rimasto impressionato dalle capacità intellettuali di Toni, fino ad elevarla, lei giovane donna di 21 anni, nel suo più ristretto cerchio affettivo e collaborativo.

In *Alcune considerazioni sul processo d'individuazione nelle donne* che ho nominato all'inizio, l'Autrice propone di inquadrare la psiche femminile secondo quattro modelli: la *madre*, l'*etera*, l'*amazzone* e la *medium*.

Scrive Wolff: «il tipo medianico è caratterizzato dall'essere fortemente condizionato dall'influenza atmosferica della vita psichica. È come se questa donna fosse immersa negli *eventi inconsci* che accadono intorno a lei; anzi può anche, in determinate condizioni, *costellare* inconsciamente queste condizioni al punto da far loro prendere forma visibile. Naturalmente, anche nel tipo medianico esiste un grande numero di variazioni, secondo il livello psicologico del soggetto. Al livello più primitivo, troviamo la comune donna medium, priva di un *Io* degno di nota, che può quindi disporre solo della facoltà più convenzionale di percepire e sperimentare gli eventi psichici. Un tipo più progredito può esprimere sé stesso a un livello più umano, captando l'*atmosfera inconscia* delle persone che appartengono alla sua cerchia, come pure quella di eventi oggettivi, fisici o psichici. Nella storia, metteremmo fra questi tipi le Sibille dell'antichità classica e di quella germanica. Cassandra potrebbe fornire un buon esempio, così come le sciamane di certe tribù mongole.»

Credo che a ogni astrologo verrebbe d'istinto in mente pensare all'archetipo rappresentato dal Nettuno astrologico. Consideriamolo quindi un dato acquisito dall'esperienza, e dalle elaborazioni di tanti seri studiosi. Poiché, come ho scritto in un mio precedente articolo "è possibile stabilire un'equivalenza simbolica tra la Luna e la donna", mi propongo di verificare se quanto scritto da Wolff sia in qualche modo riconducibile alle valenze espresse dalla presenza della congiunzione Luna-Nettuno nell'oroscopo femminile.

Procedo, come mia abitudine, a una ricognizione della migliore letteratura astrologica in argomento. Certamente viene ravvisata una certa affinità tra Luna e Nettuno, essendo entrambi di natura fredda e umida, e quindi appartenenti all'elemento Acqua. Espongo pertanto il pensiero di alcune donne impegnate in astrologia.

Floriana Bossi e Adele Niccolai scrivono:

«Luna mare, Nettuno oceano – la loro interazione fa pensare al perenne movimento dei mari, crea un flusso di energia simile alle onde, un'irrequietudine costante e profonda: sono le tumultuose acque dell'inconscio che minacciano di travolgere le difese razionali e invadere la coscienza ... la Luna in congiunzione, quadrato od opposizione a Nettuno, rendendo più difficile la vita ordinaria, spinge l'individuo a sollevarsi al di sopra degli interessi terreni e a cercare una via per realizzare le aspirazioni nettuniane.[20] »

Martine Barbault e Danièle Barbault, riferendosi specificamente alla congiunzione Luna-Nettuno (l'aspetto viene anche commentato analiticamente per presenza nei dodici segni zodiacali):

---

[20] *Op. cit.*, p. 109, 110

«Componente di forte sensibilità e iperemotività, fattore di eventi romanzeschi e di ricca sensorialità. La persona è alla ricerca di assoluto e il suo ideale, spesso utopico o chimerico, la spinge a cercare l' "alter ego". Aspira alla simbiosi con l'essere amato con cui vuole condividere ogni cosa, il che può spingersi fino all'oblio di sé. Nella sfera affettiva, il soggetto manca di lucidità; il suo bisogno di meraviglie gli fa coltivare l'illusione, ricercando amori chimerici o mistici. Avremo una forte intuizione, quasi medianica, una ricchezza immaginativa favorevole all'ispirazione e alla creatività. D'altro lato, le ricche aspirazione affettive possono trasformarsi in oblatività, nel senso umanitario, come pure in ideale mistico.» (*Dictionnaire des aspects astrologiques*)

Sue Tompkins (riferendosi ai contatti Luna-Nettuno in generale):

«È una combinazione estremamente sensibile e impressionabile, al punto che il soggetto con un forte contatto in questione può incontrare grandi difficoltà nel mantenersi separato dagli altri. La tipica persona Luna-Nettuno, per la capacità di assorbire sentimenti ed emozioni degli altri, raccogliendo ogni piccolo evento che accade nell'ambiente, è reso simile a una spugna psichica. Vengono troppo impregnati per essere in grado di differenziare ciò che a loro pertiene da ciò che a loro non pertiene. È una combinazione, come la maggioranza di altre con Nettuno, frequente nei temi natali di ogni sorta di soggetti creativi. È assai frequente nei cieli di nascita degli attori.[21] »

Concludo questa breve rassegna riportando il pensiero di André Barbault.

«Il rapporto Luna-Nettuno anima una marea di sensibilità, una fantasticheria acquatica e notturna nel proprio "giardino segreto". La bolla immaginativa della congiunzione apre le chiuse dell'emotività, rende inclini all'inflazione psichica e invita all'evasione in qualche fantasmagoria, tanto infernale quanto paradisiaca.[22]»

Vediamo ora se e come le sommarie indicazioni sopra riportate trovino riscontro nella vita vissuta, come da riferimenti biografici di varia fonte. A questo scopo, propongo di seguito un piccolo scampolo di personaggi pubblici, i cui dati sono in massima parte tratti dall'archivio Rodden, eccezion fatta per i nominativi italiani, ricavati dall'archivio Bordoni.

Un primo gruppo di soggetti può essere classificato in prima approssimazione nella voce omnicomprensiva di "mistiche, veggenti, sensitive". Vediamole.

Lucia dos Santos (Aljustrel, Portogallo, 22 marzo 1907 alle ore 20:00. Archivio Rodden). È un nome noto, associato alle apparizioni Mariane e ai segreti di Fatima. La congiunzione Luna-Nettuno in Cancro si è verificata con uno scarto di 0°. Perfetta.

---

[21] Sue Tompkins, *Aspects in astrology*, Element Books, Longmead, 1990, p. 150, 151.

[22] André Barbault, *Uranus-Neptune Pluton*, Éditions Traditionnelles, Paris, 2002, p. 121.

Liane de Pougy (La Flèche, 2 luglio 1869 alle 8:00. Archivio Rodden) è una donna bellissima, ballerina e cortigiana di gran classe. Conduce una vita brillante e movimentata, ricca di denaro e soddisfazioni. Termina la sua vita da terziaria domenicana. Congiunzione Luna-Nettuno in Ariete.

Simone Weil (Parigi, 3 febbraio 1909 alle 5:00. Archivio Rodden). Filosofa, umanista, mistica cristiana. Lo scrittore francese Albert Camus la considerò "l'unico grande spirito del nostro tempo". Congiunzione Luna-Nettuno in Cancro.

Anne Frank (Francoforte sul Meno, 12 giugno 1929 alle 7:30. Archivio Rodden) Una ragazzina ebrea che tiene un commovente diario, di cui una delle ultime frasi recita: "Nonostante tutto io ancora credo che la gente sia davvero buona nel proprio cuore. Io semplicemente non posso costruire le mie speranze su basi fatte di confusione, infelicità e morte." Morirà a soli 15 anni in un campo di sterminio nazista. Congiunzione Luna-Nettuno in Leone.

Rosalyn L. Bruyere (Denver, Colorado, 18 marzo 1946 alle 4:35. Secondo essa stessa.). Dal suo sito internet ricavo: "Rosalyn L. Bruyere è una guaritrice riconosciuta a livello internazionale, una chiaroveggente e sciamana. Collabora spesso con medici e scienziati; la sua opera riflette la convinzione che il benessere fisico dovrebbe essere il risultato di uno sforzo di squadra tra paziente, medico e guaritore.[23]" Congiunzione Luna-Nettuno in Bilancia.

---

[23] http://www.rosalynlbruyere.org/rosalynBruyere.html (consultato il 8/5/2017)

Concludo questo gruppo citando un caso dal mio archivio personale, di cui per motivi di riservatezza non posso comunicare i dati completi. Posso però dire che il soggetto in questione – la chiamerò Christine - è nato il giorno 10 aprile 1974, ed evidenzia una perfetta congiunzione Luna-Nettuno in Sagittario angolare all'Ascendente. Christine afferma di essere in contatto con entità extraterrestri e di veicolare i loro messaggi agli esseri umani di buona volontà.

Un secondo gruppo appartiene alla categoria delle attrici, tutte di successo e generalmente note al grande pubblico.

Berthe Bovy (Liegi, 6 gennaio 1887 alle 4:00. Archivio Rodden). Attrice di teatro e cinema, impersona un numero impressionante di parti. Inizia nel 1908, recita fino all'età di 84 anni e muore a 90. Congiunzione Luna-Nettuno in Toro, angolare al Discendente.

Shirley MacLaine (Richmond, Virginia, 24 aprile 1934 alle 15:57. Archivio Rodden). Attrice, cantante, ballerina, scrittrice. La sua carriera cinematografica è strepitosa; nominata per sei volte al premio Oscar. "MacLaine ha dichiarato che nella sua vita precedente in Atlantide era il fratello di uno spirito vecchio di 35.000 anni di nome Ramtha, veicolato dal sensitivo e mistico americano J. Z. Knight. È assai interessata agli argomenti di carattere metafisico e spirituale,su cui ha scritto in alcuni suoi libri di successo. I suoi interessi di tipo New Age sono approdati in diversi suoi film. Dichiara di aver ripetutamente osservato gli UFO.[24]» Congiunzione Luna-Nettuno in Vergine, in casa XII.

Romy Schneider (Vienna, 23 settembre 1938 alle 22:05. Registro dell'ospedale dove è nata). Il commento di André Barbault e Anne Barbault, tratto dal loro *Astrologia delle donne illustri*: «Un ammasso planetario in casa IV: il destino assume le sembianze della famiglia. Rosemarie è figlia di due attori rinomati, e a 14 anni debutta nel cinema a fianco di sua madre. La strada è tracciata, e il successo sta in capo a Giove al Medio Cielo. Con *Sissi*, diventa subito l'idolo del pubblico: l'acqua di rose di una principessina di fiaba (la Luna, signora dell'Ascendente, congiunta al Sole equinoziale della Bilancia). In seguito diventa prigioniera di un ruolo che le s'incolla addosso. Rivolta di un Marte-Vergine al Fondo Cielo: discussioni feroci in famiglia per diventare sé stessa, nel suo lavoro, nella libertà di essere donna, sentendosi chiusa nella morsa di contraddizioni, lacerata tra i suoi, il suo paese d'origine, e Parigi, la sua personale avven-tura (Venere in opposizione a Urano). Una Romy vulnerabile spinta da un malessere profondo a pretendere troppo da sé stessa e a vivere febbrilmente nell'eccesso. Il suo avvincente aroma di donna matura diffonde profumi sulle "cose della vita" costituite dai contrasti e dalle difficoltà di coppia. Lei è una meravigliosa e terribile Rosalie (nel film *È simpatico ma gli romperei il muso*), inquietante ne *La signora è di passaggio*. Per lei il talento è una questione di amore, e il lavoro si fonde col cuore nell'unione di Vergine e Bilancia. Il successo si paga col prezzo dello smarrimento morale. Il caos del cumulo

---

[24] https://en.wikipedia.org/wiki/Shirley_MacLaine#Personal_life

planetario attorno a Nettuno, dove la persona viene consegnata alle sue pulsioni, trascinata dal tumulto di un profondo tormento. Fallimenti amorosi, i divorzi, l'operazione, l'orribile morte del figlio... Romy si affida al cerchio infernale delle pillole, per dormire e per stimolarsi, poi, non potendone più, come stordita, sprofonda in un sonno mortale il 29 maggio 1982 a Parigi.[25]» Congiunzione Luna-Nettuno in tra Vergine e Bilancia, con partecipazione del Sole-Bilancia.

Edwige Fenech (Bône-Annaba, Algeria, 24 dicembre 1948 alle 00:30. Secondo lei stessa). Attrice di cinema e teatro, produttrice cinematografica. Ha recitato in numerosissimi film, molti dei quali a carattere erotico. Molto apprezzata da un pubblico maschile per la sua avvenenza. Congiunzione Luna-Nettuno in Bilancia, angolare all'Ascendente.

Ilona Staller (Budapest, 26 novembre 1951 all'alba, verosimilmente verso le 5:00. dato fornito da lei stessa nel suo sito internet.) Famosa attrice porno che conta numerosissimi film al suo attivo. Congiunzione Luna-Nettuno in Bilancia

Rosanna Arquette (New York, 10 agosto 1959 alle 16:45. Dato fornito dalla madre). Attrice, regista e produttrice cinematografica. Dal suo sito internet ricavo: «Rosanna ha iniziato a recitare da bambina, e cresce in un'atmosfera bohemien fatta di viaggi zingareschi di vita nelle comuni. La madre Mardi, poetessa, terapeuta e impegnata in politica, ha esercitato un profondo influsso sulla visione del mondo di

---

[25] André e Anne Barbault, *Astrologia delle donne illustri*, Amazon, 2017, p. 155.

Rosanna, ispirata all'empatia e alla compassione.[26]» Strettissima congiunzione Luna-Nettuno in Scorpione, che rilancia e richiama 4 pianeti in casa VIII.

Il terzo gruppo è composto da solo un paio di nominativi, che hanno avuto problemi di dipendenza da sostanze stupefacenti.

Natalie Cole (Los Angeles, 6 febbraio 1950 alle 18:07. Archivio Rodden) Cantante, figlia d'arte (il padre era il grande Nat "King" Cole), vende milioni di dischi. Assuefatta a droghe pesanti, come eroina, crack e cocaina. Contrae l'epatite C e, dializzata, necessita di trapianto di rene. Muore in ospedale il 31 dicembre 2015. Congiunzione Luna-Nettuno in Bilancia, in cui interviene anche Marte.

Jan Kerouac (Albany, New York, 16 febbraio 1952 alle 00:30. Archivio Rodden). Scrittrice, figlia di Jack Kerouac, il profeta della *beat generation*. Eroinomane, dializzata per cinque anni prima di morire il 5 giugno 1996. Congiunzione Luna-Nettuno in Bilancia.

Il quarto e ultimo gruppo raccoglie personaggi vari senza specifico nesso di vita né di attività esercitata, come si vedrà. Ognuna di esse ha colorato di colore proprio la congiunzione Luna-Nettuno.

Marguerite Audoux (Sancoins, 7 luglio 1863 alle 4:00. Archivio Rodden). Agli inizi, la vita è dura: orfana di madre a tre anni, abbandonata dal padre, affidata a una zia, messa in orfanotrofio dove rimane per nove anni consecutivi. Poi, dai 14 ai 18, pastorella e lavorante in una fattoria, che lascia per trasferirsi a Parigi dove fa la sartina. La sorella le affida la

---

[26] http://www.rosannaarquette.com/biography/

sua figlia che, a insaputa della zia, si prostituisce nel vecchio mercato alimentare di *Les Halles*. E proprio questo evento produrrà l'effetto, del tutto imprevisto, a Marguerite, di farle conoscere un giovanotto che sarà l'artefice della sua carriera letteraria. Nel 1910 esce *Marie-Claire,* romanzo lacrimevole (e autobiografico, che narra un'infanzia molto infelice) con cui vincerà il premio Femina, sarà tradotto in diverse lingue e venderà oltre 100.000 copie. Congiunzione Luna-Nettuno in Ariete.

Camille Claudel (Fère-en-Tardenois, 8 dicembre 1864 alle 5:00. Archivio Rodden) Scultrice d'eccezione, dotata di grande creatività artistica. Su Camille mi sono cimentato in un abbozzo interpretativo, che mi permetto di richiamare.[27] Una vita difficile anche in questo caso che, dopo un successo iniziale, si conclude tristemente in 30 anni di internamento in manicomio, voluto dalla madre, e nell'indifferenza del fratello Paul Claudel, poeta e scrittore. Congiunzione Luna-Nettuno in Ariete.

Claretta Petacci (Roma, 28 febbraio 1912 alle 10:15. Archivio Rodden) Il suo nome è indissolubilmente legato a quello di Benito Mussolini, di cui condivise la fine. Non è questa la sede per commentare se avesse meritato di essere uccisa insieme al duce; riporto il commento scritto da André Barbault e Anne Barbault nel loro testo già citato.[28] «Claretta è posseduta dal sogno ad occhi aperti riferibile alla congiunzione Luna-Nettuno in Cancro. Il suo immaginario

---

[27] *Camille Claudel. Appunti astrologici.* Sta in *Astri e destino*, Amazon, 2015, p. 109 e segg.
[28] *Op. cit.*, p. 301

di tipo Pesci la trascina verso l'ammirazione romantica. Sin da piccola, Mussolini è il suo dio. … Allorché, a 20 anni, l'incantevole brunetta incontra il suo idolo, esercita subito una fascinazione sul duce, più vecchio di lei di 29 anni. Il fascino dell'offerta sacrificale (Pesci) di una donna bambina (Luna in Cancro) che s'identifica a un collettivo femminile (congiunzione Luna-Nettuno).»

Margaret Thatcher (Grantham, Inghilterra, 13 ottobre 1925 alle 9:00. Secondo lei stessa.) Politico che resse il suo Paese con pugno di ferro dal 1979 al 1990. André Barbault così commenta la sua congiunzione Luna-Nettuno: «In Leone e al Medio Cielo, rappresenta Margaret Thatcher sollevata dalla marea popolare della classe media britannica, veicolo del potere, inversamente alla corrente subita da Alfred Dryfus.[29]» Congiunzione Luna-Nettuno in Leone, angolare al Medio Cielo.

Amalia Ercoli-Finzi (Gallarate, 20 aprile 1937 alle 22:30. Archivio Bordoni) «È una delle massime esperte internazionali in ingegneria aerospaziale, consulente scientifico della NASA, dell'ASI e dell'ESA, è *Principal Investigator* responsabile dello strumento SD2 sulla sonda spaziale Rosetta.[30]» Congiunzione Luna-Nettuno in Vergine.

Carolina Morace (Venezia, 5 febbraio 1964 alle 16:30. Archivio Bordoni). «è un'avvocata, ex calciatrice, allenatrice di calcio e commentatrice sportiva italiana, di ruolo attaccante. Dal 2016 è commissario tecnico della Nazionale di calcio femminile di Trinidad e Tobago e direttore tecnico

---

[29] André Barbault, *Uranus-Neptune Pluton*, cit. p. 121.

[30] https://it.wikipedia.org/wiki/Amalia_Ercoli-Finzi (consultato il 8/5/2017)

delle selezioni femminili gestite dalla federcalcio trinidadiana.[31]» Congiunzione Luna-Nettuno in Scorpione.

Con queste due eccellenze italiane si conclude così il nostro sguardo sulla congiunzione in esame, presente nel cielo natale di soggetti femminili. Ovviamente, l'aspetto in questione ha catturato particolarmente l'attenzione quando era in collocazione angolare rispetto agli assi, come in Christine, Berthe Bovy, Edwige Fenech e Margaret Thatcher. Ma potremmo forse sottovalutarne il peso nell'oroscopo delle "mistiche, veggenti, sensitive"? Non credo. Sappiamo che per valutare al meglio un aspetto, occorre considerarlo inserito in un quadro più ampio, in cui intervengono fattori extra astrologici, come l'ambiente, l'epoca, lo spirito del tempo. Anche ciò è misterioso, come lo sono Luna e Nettuno, come lo è l'astrologia nel suo insieme.

---

[31] https://it.wikipedia.org/wiki/Carolina_Morace (consultato il 8/5/2017)

L'ASPETTO COMPOSITO VENERE NETTUNO PLUTONE NEGLI OROSCOPI FEMMINILI

Per oltre mezzo secolo del Novecento siamo stati testimoni del lungo sestile evolutivo tra i due superlenti, Nettuno e Plutone. Ciò è stato reso possibile dall'eccentricità dell'orbita di Plutone, la qual cosa ha comportato che per un periodo di tempo questo pianeta si è addirittura trovato all'interno di quella del più veloce Nettuno. Per dirla semplicemente, il periodo orbitale di Plutone, pari a 248 anni, ci mostra un pianeta a volte molto lento e a volte un po' più veloce (relativamente) nella sua corsa attorno allo zodiaco, e di conseguenza per mezzo secolo i due corpi celesti si sono trovati a una longitudine di 60° circa l'uno dall'altro.

Molte volte è capitato che, per via di questa situazione celeste, un qualsiasi altro astro del nostro sistema solare si trovasse contemporaneamente in aspetto a entrambi.

Nelle note che seguono, ho limitato la mia indagine unicamente alla fattispecie in cui Venere si trova in opposizione a Nettuno e in trigono a Plutone oppure in opposizione a Plutone e in trigono a Nettuno. Ho considerato un'orbita massima di 5°, sia per l'aspetto di opposizione che per quello di trigono, al solo fine di ridurre il numero dei casi. In genere considero 10° di orbita per l'opposizione e 8° per il trigono.

Gli aspetti si sono per lo più verificati nei segni zodiacali rispettivamente occupati dai pianeti Nettuno e Plutone come da elenco, pur se talvolta uno dei due superlenti, per via della retrogradazione o del cambiamento del moto di rotazione, si è trovato sfasato rispetto a questo schema.

1) Nettuno-Bilancia e Plutone-Leone (a partire dall'anno 1946)
2) Nettuno-Scorpione e Plutone-Vergine (dal 20.10.1956)
3) Nettuno-Sagittario e Plutone-Bilancia (dal 5.10.1971)
4) Nettuno-Capricorno e Plutone-Scorpione (dal 21.11.1984)
5) Nettuno-Acquario e Plutone-Sagittario (dal 29.1.1998, sia pure con progressivo allargamento dell'orbita dell'aspetto di sestile).

Prima di entrare nel vivo della materia, occorre spendere alcune parole sul concetto di opposizione, ossia della situazione che si crea quando due pianeti formano un angolo di 180° di longitudine, dunque si trovano uno di fronte all'altro. Il cerchio zodiacale viene diviso in 2, ed è il simbolismo di questo numero che dobbiamo cercare di interpretare. Il medico, psicoanalista ed esoterista francese René Allendy scrive un libro poderoso intitolato *Le symbolisme des nombres* (Parigi, 1921), da cui traggo:

«l'esame delle dualità naturali ci mostra unicamente una reciproca relazione tra due parti inseparabili e ci fa vedere che ciascun termine non potrebbe esistere senza l'altro, e che non possiede in sé un'esistenza reale. Le dualità oggettive consistono in una differenziazione relativa e non in un'opposizione assoluta.»

L'opposizione instaura quindi tra i due termini una dialettica, che può risultare in una lotta in cui un polo viene negato (e spesso proiettato all'esterno), in un'alternanza tra i due poli o in una sintesi creativa. Sotto il profilo strettamente astrologico, l'opposizione sembra essere meno problematica della quadratura (distanza di 90°) poiché mette in relazione elementi complementari come Acqua e Terra, Fuoco e Aria.

Nel magistrale *Dalla psicoanalisi all'astrologia* di André Barbault vengono delineati gli effetti, sul piano psicoanalitico, degli aspetti planetari disarmonici come segue:

«Nella dissonanza (soprattutto nella quadratura, e anche in una certa misura nell'opposizione) le due tendenze reagiscono tra loro come coppia indissolubile, ma in base a una modalità di esclusione. Invece di un prolungamento, c'è una rottura di livello, un desiderio è annullato da un desiderio contrario o incompatibile. Può verificarsi una situazione altalenante: ora l'una, ora l'altra, ma mai entrambe simultaneamente, salvo compromessi. C'è una scissione in seno alla personalità, ed è per questo che il potenziale, invece di fare da ponte, "salta" dall'una all'altra delle due tendenze.»

A mio avviso, l'opposizione Venere-Plutone, più che l'opposizione Venere-Nettuno, risulta particolarmente impegnativa in un soggetto femminile. Ad essa può associarsi il concetto dell'ambivalenza affettiva, già studiata dallo psichiatra svizzero Eugen Bleuler e ripresa da Freud.

André Barbault ne dà un'esauriente spiegazione per la quadratura od opposizione tra Venere e Marte, spiegazione tuttavia secondo me applicabile anche alle dissonanze Venere-Plutone.

«Quando questo aspetto non è espressione della dissociazione tra i due poli dell'amore (amore senza desiderio e desiderio senza amore; attrazione fisica per l'oggetto amato tanto più forte quanto l'oggetto d'amore non può suscitare affetto e stima; slanci affettivi tanto più profondi quanto più scarsa è la passione carnale che l'oggetto d'amore è in grado di ispirare), Venere simbolizza il sentimento più dolce e Marte l'attrazione fisica, il desiderio, e si manifesta così la tensione tra polarità opposte: attrazione, simpatia, amore con Venere e repulsione, antipatia, aggressività, odio con Marte. Si tratta della relazione caratteristica dell'ambivalenza per fasi di simultaneità o fasi successive. L'amore-odio di tutti i giorni, o l'amore puro all'inizio, che sfocia poi nell'avversione pura, nell'odio irriducibile. » (*Dalla psicoanalisi all'astrologia*)

Compulsiamo ora una piccola selezione della letteratura astrologica per avvicinarci gradualmente a una comprensione di questa configurazione "a tre".

In primo luogo osserviamo i contatti Venere-Nettuno, di trigono e opposizione.

Venere è di natura umida e calda, mentre Nettuno è freddo e umido. Hanno quindi in comune la qualità dell'umido, che viene evidenziata soprattutto quando sono in congiunzione. Nettuno governa il segno zodiacale dei Pesci, dove Venere trova la sua esaltazione. Si comprende subito che i due astri hanno qualche somiglianza, alimentando l'idea della scuola di astrologia umanistica che Nettuno costituisca l'ottava superiore di Venere. Possiamo in ogni caso affermare che i pianeti in questione evidenziano una speciale affinità per quanto attiene gli affari di cuore, di cui gli aspetti Venere-Nettuno – se presenti nel tema natale - rappresentano una spia particolarmente importante. Nel quadro degli aspetti di che trattasi, attribuisco pertanto un posto d'onore alla posizione di Venere nel segno dei Pesci e, in seconda battuta, a Venere in Toro. Per quanto riguarda il significato astrologico di Venere, abbiamo alle spalle la stratificazione di secoli di pensiero, mentre altrettanto non possiamo dire per Nettuno, scoperto solo nel 1846. Ho dedicato al simbolismo nettuniano il mio testo *I mille volti di Nettuno* al quale mi permetto di rimandare il lettore desideroso di approfondimenti.

Ho già avuto modo di affermare in una piccola intervista che le donne, per loro conformazione psicologica, sono più vicine all'astrologia. Perciò la piccola rassegna degli aspetti Venere-Nettuno inizia con citazioni di Autrici, come si vedrà. Le traduzioni dal francese e dall'inglese sono mie.

«La persona che presenta un aspetto di Venere-Nettuno è immancabilmente molto romantica e idealistica in merito alle relazioni amorose. Sono innamorate dell'amore, tanto da provare una grande difficoltà nel mantenere un interesse o un impegno nei confronti di una persona normale. Le persone dotate di aspetti armonici hanno più facilità ad accettare le persone e le relazioni come in effetti sono. Non sono meno idealistiche e romantiche delle persone segnate da aspetti disarmonici, ma hanno meno illusioni riguardo la gente in generale. Talvolta sembra che possano entrare nella psiche altrui e vedere ciò che vi si trova. Chi ha aspetti disarmonici è meno realistico, e nutre aspettative troppo elevate verso una normale relazione tra esseri mortali. Cerca di sperimentare il misticismo nelle relazioni personali, come se il rapporto fosse creato in cielo. Non c'è da meravigliarsi che questa sia una configurazione talvolta riscontrabile in persone che seguono un percorso religioso, perché in tal caso le relazioni possono essere davvero fatte in cielo. Il problema principale di questo tipo è quello di stabilire un rapporto basato sulla parità. Spesso si dedicherà a qualcuno che inconsciamente considera essere su un piano "superiore" o "inferiore"; una divinità da venerare o una vittima da salvare. Questa combinazione è spesso assai creativa, e viene associata a tutte le forme di attività artistica, specialmente alla musica.» (Sue Tompkins, *Aspects in astrology*).

«Gli aspetti tra Venere e Nettuno includono la gran parte delle caratteristiche di Venere in Pesci e Venere in casa XII e molto, molto di più. Simbolizzano amore illimitato... le persone, nella loro ricerca di un sogno di perfezione, potranno raggiungere le massime altezze oppure toccare il fondo, ma molte continueranno semplicemente a deludersi e disilludersi. Poche persone al mondo sono in grado di soddisfare le aspettative di un soggetto Venere-Nettuno, e anche quelle che ne sono in grado troveranno difficile farlo nella vita di tutti i giorni. Alcuni pensano che non sia bastevole alcuna forma di amore personale, e cercano di esprimere l'amore in una modalità di tipo spirituale, intraprendendo una via religiosa o ponendosi al servizio degli altri. Potrebbero trovare che sia più facile amare l'umanità in genere, specialmente chi soffre, ma incontrare difficoltà nel dedicare amore a una specifica persona che appare troppo reale, troppo fisica, troppo presente! L'amante immaginario è per altro etereo, mistico e magico. Sono persone molto sensibili e che si commuovono profondamente al cospetto della sofferenza. Possono confondere l'amore con l'empatia e innamorarsi di chi in qualche modo è bisognoso d'aiuto; romantizzare la sofferenza, considerarla un'attrattiva e godere nel considerarsi un personaggio tragico reso infelice e disperato a causa di un amore non corrisposto. Sono persone che possono cadere preda di molte insidie, tuttavia possono anche sperimentare l'amore in forma elevatissima. Il supremo obbiettivo di chi presenta questa combinazione è quello di trovare la realizzazione spirituale attraverso l'amore, di essere in grado di lasciarsi alle spalle i limiti della fisicità e sperimentare un'autentica fusione delle anime.» (Babs Kirby, Janey Stubbs, *Love & Sexuality*)

«Il rapporto Venere-Nettuno, all'insegna dell'umido, apre le chiuse della sensibilità fluidificata e diffusa all'infinito nelle più svariate manifestazioni. Se all'aspetto armonico e ben vissuto attribuiamo il merito di un romanzesco idealismo sentimentale in cui l'amore è bontà e oblatività, fino al punto di spiritualizzarsi e possedere la fede dello slancio mistico, nella dissonanza passiamo da effluvi inebrianti a esalazioni mefitiche, oppure a situazioni mal vissute. Gli si imputa a ragion veduta i vagabondaggi e le derive dell'evasione dissolvente dell'affettività: sentimenti illusori, attaccamenti nebulosi, amori chimerici, aspirazioni dissennate, avventure rocambolesche. In breve, gli smarrimenti e i naufragi del cuore dove l'amore finisce per assomigliare a una prigione, a una droga o a una malattia dell'anima. Tutto ciò assomiglia a una fuga amorosa troppo spesso accompagnata da una tonalità morbosa che attinge al repertorio del masochismo.» (André Barbault, *Uranus Neptune Pluton*)

In chiusura, desidero menzionare Charles E. O. Carter, il cui insegnamento ha forgiato generazioni di astrologi anglosassoni. Carter nel suo *The astrological aspects* (I ed. 1930) distingue tra aspetti armonici e disarmonici, e si occupa a parte della congiunzione. Trattando gli aspetti disarmonici, lo studioso pianta intuitivamente un seme davvero straordinario quando scrive: "Per alcuni versi, sembrano condurre a risultati più significativi rispetto al trigono e al sestile, in quanto *conferiscono una scontentezza divina (divine discontent)*, e una pervicace irrequietudine nel perseguire un ideale non facilmente realizzabile su questa terra. Gli ideali sono davvero molto alti, e può verificarsi un'insoddisfazione permanente sia nei confronti delle cose che delle persone, variando da un atteggiamento petulante o stizzoso ad atteggiamenti improntati a nobili aspirazioni e sforzi costanti per conseguire una piena realizzazione delle proprie intime visioni. Si possono verificare difficoltà di adattamento all'ambiente o a persone con le quali si entra in rapporto;

quasi sempre l'affettività è estremamente sensibile e reattiva." (Charles E. O. Carter, *The astrological aspects*)

Una possibile conseguenza di questa scontentezza è data dalle pretese, impossibili da soddisfare, che il soggetto rivendica nei confronti del partner, il quale funge da ignaro ricettacolo delle proiezioni, di cui volente o nolente è costretto a farsi carico. Cosicché costui si sentirà inadeguato, inadatto, e potrà anche sviluppare uno o più complessi d'inferiorità, qualora si assuma la responsabilità di non essere riuscito a conformarsi all'immagine creata dalla propria compagna.

Prendiamo ora in considerazione i contatti Venere-Plutone, sempre in trigono e in opposizione.

Le donne che ne sono portatrici si distinguono per carisma e una sorta di magnetismo sprigionante un fascino di attrazione talvolta irresistibile. Le ricerche di astrologi di vaglia hanno evidenziato che il simbolismo di Plutone si ricollega a forze arcaiche e primordiali giacenti nelle profondità della psiche, il che potrebbe render conto di questa singolare potenza di attrazione e seduzione. Mi permetto di rimandare alla lettura del mio studio *Incursione nei regni inferi. Analisi astropsicologica di Plutone* chi volesse approfondire l'argomento.

«La persona dotata di un aspetto Venere-Plutone può lasciarsi entusiasticamente coinvolgere in relazioni di grande intensità. Spesso riscontriamo elementi drammatici nella vita sentimentale di questo tipo; la troviamo coinvolta nel classico triangolo amoroso. È una combinazione spesso associata con l'amore non corrisposto.» (Sue Tompkins, *Aspects in astrology*).

«Crisi e amore sono intrecciati. L'amore conduce alla trasformazione, ma è un processo spesso doloroso. Venere-Plutone può caratterizzare una donna dominata dall'Animus.» (Babs Kirby, Janey Stubbs, *Love & Sexuality*)

«Negli aspetti armonici, si riscontra buona intesa affettiva e vita sentimentale di successo. L'aspetto può dare magnetismo e sex appeal, non sempre coscienti. Le crisi possono fungere da carburante per la passione. Negli aspetti disarmonici: un complesso amore-morte con tutto ciò che presuppone a livello di situazioni drammatiche, vissute simbolicamente o nella realtà. Si passa da un attaccamento di tipo masochistico a un partner inadatto (già impegnato, che non ricambia l'amore, malato, che esercita un'attività a rischio) ad amori patologici e distruttivi (morire d'amore, o addirittura uccidere per amore in temi natali di persone fortemente disturbate), o più spesso, a vedovanze. Una tale associazione tra amore e morte, spesso inconscia, fa amare e vibrare tanto più fortemente quanto più si aggiri la morte, quanto più un pericolo aleggi sulla coppia o quanto più pesino dei potenti divieti, dei tabù (omosessualità, adulterio). Con tale configurazione, le crisi, i drammi, le lacerazioni, fanno parte di un clima a tinte forti, e la routine rappresenta la malattia dell'amore. A volte c'è dissociazione tra il sentimento e la carne (il soggetto non desidera chi lo ama, o desidera chi non lo ama) oppure ancora un rifiuto di una delle tendenze in gioco (rifiuto della sessualità vissuta come bestiale o, al contrario, importanza del sesso a scapito del sentimento). Sono egualmente presenti situazioni di amore-odio. » (Martine Barbault e Danièle Barbault, *Dictionnaire des aspects astrologiques*)

I brani sopra riportati riguardanti i contatti Venere-Nettuno e Venere-Plutone vanno ovviamente considerati come tracce e stimoli all'approfondimento di configurazioni – soprattutto con Plutone – ancora da comprendere appieno e soprattutto da calare a livello interpretativo nel tema natale nel suo insieme. Inoltre, lo studio di oltre 500 geniture (riportate nei miei citati testi su Nettuno e Plutone) mi ha indotto a ritenere che nella vita vissuta del soggetto la differenza tra aspetti armonici e disarmonici sovente sfuma o addirittura si annulla per cedere il campo a una gamma di possibilità in cui l'aspetto "dissonante" produce effetti del tutto favorevoli, purché il soggetto si sia impegnato in un serio lavoro basato su una presa di coscienza, in cui l'*Io* gioca un ruolo fondamentale nel dirigersi verso il polo luminoso o il polo oscuro dell'archetipo.

Vediamo ora qualche esempio tratto dagli archivi Rodden (per soggetti stranieri) e Bordoni (soggetti italiani).

Venere contemporaneamente in trigono a Plutone e in opposizione a Nettuno.

Maud Adams (Luleå, Svezia, 12 febbraio 1945 alle 3:35. Anagrafe.). Modella, attrice. Ha girato parecchi film, tra cui alcuni del filone James Bond.

Gisele Bündchen (Três de Maio, Rio Grande do Sul, Brasile, 20 luglio 1980 alle 17:00. Anagrafe.). Modella, attrice dai forti forti guadagni, si dedica ad attività filantropiche, Ambasciatrice di buona volontà per l'ONU. È stata in relazione con personaggio famosi, tra cui per cinque anni consecutivi con l'attore Leonardo Di Caprio. Vita sentimentale variegata.

Laetitia Casta (Pont Audemer, 11 maggio 1978 alle 17:30. Anagrafe.). Attrice, vita sentimentale variegata.

Mia Farrow (Los Angeles, 9 febbraio 1945 alle 11:27. Anagrafe.). Attrice, figlia d'arte. Madre di 14 figli, di cui 10 adottivi. Tre matrimoni, tra cui il primo con Frank Sinatra, e il terzo con Woody Allen.

Lella Lombardi (Frugarolo, 26 marzo 1941 alle 12:30. Anagrafe.). Pilota di formula 1. "Di carattere grintoso e tenace, fin da bambina fu attratta dalla velocità" (*Wikipedia italiano*).

Antonella Moccia (Melfi, 7 aprile 1967 alle 7:00. Anagrafe.). Un caso estremamente interessante. Da modella si fa suora, poi butta il velo alle ortiche per dedicarsi da laica ai tossicodipendenti e ai disadattati. "Di sera indossava gli abiti dell'alta moda, il mattino lavava gli stracci dei barboni. Già allora aveva il fuoco dentro. Il fuoco della solidarietà e dell'amore per il prossimo. Proprio quand'era all'apice della carriera di top model (ha sfilato per Trussardi, Biagiotti, Fontana e Mila Schon) decise di cambiare tutto, di dedicarsi completamente alla fede. Lei è Antonella Moccia. Negli anni '90 la sua vicenda fece il giro del mondo e divenne un simbolo di conversione." (Massimo Brancati, *Antonella Moccia di Melfi. Da top model a suora ora segue il guru Robbins,*

La Gazzetta del Mezzogiorno, 15/3/2011). L'opposizione Venere-Nettuno si colloca esattamente sull'orizzonte, lungo l'asse Toro-Scorpione. Ho riscontrato più volte l'opposizione Venere-Nettuno nel cielo di nascita di ricercatori spirituali, di cui uno da me per molti anni personalmente conosciuto. La stessa opposizione lungo l'orizzonte, lungo l'asse Ariete-Bilancia caratterizza la genitura di Enzo Bianchi, priore di Bose (Castel Boglione il 3 marzo 1943 alle 8:00) , molto conosciuto per i suoi numerosi scritti e partecipazione a programmi radiofonici. Di recente è stato sul punto di diventare cardinale, pur essendo un laico.

Sara Simeoni (Rivoli Veronese, 19 aprile 1953 alle 18:40. Anagrafe.). Atleta olimpica eccezionale, nel 1980 salta 2,01; un record imbattuto per 29 anni.

Carmen Llera (Tudela, 11 maggio 1953 alle 22:00. Dichiarazione del soggetto. Archivio Bordoni.). Scrittrice. Salita assai giovane agli onori della cronaca per avere intrapreso una relazione con lo scrittore Alberto Moravia, più vecchio di 45 anni, in seguito consolidata nel matrimonio del 1986. Nel suo *Diario dell'assenza* (Bompiani, 1996) descrive in termini molto espliciti, corredati da minuziose descrizioni di svariate pratiche sessuali, il rapporto intrattenuto con un giornalista ebreo libanese, identificato dalla stampa rosa nella persona di Gad Lerner. In costanza di matrimonio con Moravia (deceduto nel 1990) si è vociferato di una relazione con il leader libanese Walid Jumblatt, capo della comunità etnico religiosa dei Drusi del suo paese.

Elisabetta I, regina d'Inghilterra (Greenwich, 7 settembre 1533 alle 15:39, secondo Francesco Giuntini.). Sotto il suo regno, l'Inghilterra divenne una potenza, soprattutto marittima, di statura mondiale. Ridimensionò l'importanza della Spagna nelle questioni europee, e iniziò la colonizzazione del Nord America. Fece fiorire le arti e la cultura.

Venere contemporaneamente in trigono a Nettuno e in opposizione a Plutone.

Christine Keeler (Uxbridge, Londra, 22 febbraio 1942 alle 11:15. Dichiarazione del soggetto.). All'apice della Guerra fredda, nel 1963, risultò coinvolta in una relazione con il Ministro della difesa britannico e, contemporaneamente, con l'addetto militare russo presso l'ambasciata sovietica. Scoppiò uno scandalo che costrinse il ministro alle dimissioni e indebolì il governo conservatore del premier Harold Macmillan. Quest'ultimo, dopo pochi mesi, rassegnò le dimissioni adducendo motivi di salute.

Chelsea Clinton (Little Rock, Arkansas, 27 febbraio 1980 alle 23:24. Anagrafe.). Unica figlia di Bill e Hillary Clinton. Al momento non sono noti al grande pubblico dettagli in merito al suo carattere e vita privata.

Sissy Spacek (Tyler, Texas, 25 dicembre 1949 alle 00:03. Anagrafe.). Cantante, attrice di successo, ha vinto numerosi premi, oltre a essere più volte nominata per il premio Oscar.

Ivana Trump (Gottwaldov, rinominata Zlín, Repubblica Ceca, 20 febbraio 1949 alle 00:55. Dichiarazione del soggetto.). Modella, stilista, scrittrice, imprenditrice di successo, salita agli onori della cronaca per avere a suo tempo sposato Donald Trump, attuale presidente USA. Ha collezionato quattro mariti, gli ultimi due di origine italiana.

Tutti i suoi divorzi si sono chiusi con accordi per lei assai vantaggiosi sotto il profilo finanziario.

Anna Zugno (Gardone Val Trompia, 30 aprile 1984 alle 5:40. Anagrafe.). Campionessa del mondo a cronometro fra le juniores nell'anno 2002.

Dal mio archivio personale traggo quattro casi, di cui per ovvi motivi di privacy non posso rivelare i dati completi. I soggetti sono indicati con uno pseudonimo.

Teresa. Sole/Capricorno, Venere-Pesci in trigono a Nettuno, Venere in opposizione a Plutone-Vergine.

Brigitta. Sole/Acquario, Venere-Pesci in trigono a Nettuno, Venere in opposizione a Plutone-Vergine.

Elsa. Sole/Acquario, Venere-Pesci in trigono a Nettuno, Venere in opposizione a Plutone-Vergine.

Ivetta. Sole/Pesci, Venere-Pesci in trigono a Nettuno, Venere in opposizione a Plutone-Vergine.

I quattro soggetti di cui sopra hanno in comune una storia di rapporti affettivi assai difficili o complicati, a volte triangolari. Ciascuna di esse è dotata di personalità carismatica ed esercita un'attrattiva ben percepita dall'uomo. In un caso si riscontra la possibilità di cambiamento di orientamento, da eterosessuale a saffico. In un altro, la persona canta, suona e compone musica.

Osserviamo ora le possibili modalità di reazione della configurazione, allorché viene stimolata dai maggiori transiti. Le fasce d'età sono largamente approssimative e dipendono dall'effettiva presenza e permanenza dei superlenti nei rispettivi segni zodiacali. Sfogliando le effemeridi, ciascuno potrà verificare dove realmente si trovavano Nettuno e Plutone all'atto della nascita.

Se Venere è in Ariete nel cielo natale, si troverà in opposizione a Nettuno-Bilancia e in trigono a Plutone-Leone (n. 1 dello schema già visto sopra: attualmente donne nella fascia di 60/70 anni circa di età) oppure ancora in opposizione a Plutone-Bilancia e in trigono a Nettuno-Sagittario (n. 3 dello schema già visto sopra: attualmente donne nella fascia di 33/46 anni circa di età). Il passaggio di Urano su Venere natale ha verosimilmente accompagnato (o accompagnerà, a seconda della posizione di Venere nel segno) un mutamento radicale nella vita di relazione. Nei casi in cui il soggetto si trovasse in condizione da single, potrebbe all'improvviso spuntare un nuovo amore. Dipende dal soggetto se il cambiamento nella sfera affettiva sarà foriero o meno di una rigenerazione (Urano passa in trigono a Plutone radix) o segnerà, per la generazione più anziana, il momento di dedicare le proprie energie al conseguimento di scopi più elevati (Urano passa in opposizione a Nettuno radix.). La generazione più giovane potrebbe essere in grado di dare una svolta decisiva alle relazioni e, se il soggetto si trova ad avere 35 anni, è pressoché certo che l'anno sarà indimenticabile, per un verso o per l'altro.

Se Venere è in Toro nel cielo natale, si troverà in opposizione a Nettuno-Scorpione e in trigono a Plutone-Vergine (n. 2 dello schema già visto sopra: attualmente donne nella fascia di 46/60 anni circa di età) oppure ancora in opposizione a Plutone-Scorpione e in trigono a Nettuno-Capricorno (n. 4 dello schema già visto sopra: attualmente donne nella fascia di 33/46 anni circa di età). Il passaggio di Urano su Venere natale avverrà nei prossimi anni, quando il pianeta entrerà in Toro. I soggetti in questione hanno verosimilmente sperimentato (o sperimenteranno, a seconda della posizione di Venere nel segno) il passaggio di Plutone, che dal segno del Capricorno ha lanciato un trigono a Venere natale. Questo passaggio potrebbe accompagnare una profonda trasformazione nella vita di relazione, favorendo l'incontro con una persona a cui legarsi in modo molto intenso, o addirittura viscerale, o consolidare e approfondire in modo creativo un rapporto già esistente. In ogni caso, c'è la possibilità di una rigenerazione e di vedere finalmente uscire la farfalla dalla crisalide. Anche in questo caso, la generazione più giovane potrebbe essere in grado di dare una svolta decisiva alle relazioni e, se il soggetto si trova ad avere 35 anni, è pressoché certo che l'anno sarà indimenticabile, probabilmente in senso positivo. Non va dimenticato che Venere-Toro – quando si trova in aspetto tanto con Nettuno-Scorpione quanto con Plutone-Scorpione – attiva l'asse dei segni zodiacali legati alla sessualità.

Se Venere è in Gemelli nel cielo natale, si troverà in trigono a Nettuno-Acquario e in opposizione a Plutone-Sagittario (n. 5 dello schema già visto sopra. Attualmente ragazzine in fase puberale o ragazze che hanno appena sostenuto la maturità scolastica. *Teenager*, per usare un termine inglese.). Oppure Venere si troverà in opposizione a

Nettuno-Sagittario e in trigono a Plutone-Bilancia (n. 3 dello schema. Attualmente donne nella fascia 33/46 anni circa d'età) Il passaggio di Saturno che dal Sagittario lancia un'opposizione a Venere radix e il contemporaneo sestile che ad essa Urano lancia dall'Ariete potrebbe aver accompagnato (o potrebbe in futuro accompagnare) per le *teenager* le prime impegnative esperienze in campo sentimentale o erotico. Urano stimola e cerca il nuovo, Saturno disciplina e frena. Due climi affettivi contrastanti che tuttavia – se armonizzati – possono responsabilmente accompagnare l'ingresso del soggetto nel mondo dei sentimenti e, forse, dell'eros. Per le donne appartenenti alla fascia 33/46, il discorso si fa più complesso, poiché è già trascorso il "tempo delle mele". I transiti dissonanti di Saturno celeste su Venere radix, se coinvolgono persone della mezza età, possono essere privativi e accompagnare separazioni e rinunce. Non è una regola ferrea, perché la pratica astrologica ha evidenziato che sotto questi transiti, anche se disarmonici, si possono consolidare relazioni, ci si sposa, si è pronti ad assumersi la responsabilità di impegni maturi e duraturi. E, per le single, può anche spuntare all'orizzonti un partner più anziano o di carattere saturnino.

Se Venere è in Cancro nel cielo natale, si troverà in opposizione a Nettuno-Capricorno e in trigono a Plutone-Scorpione (n. 4 dello schema. Attualmente donne nella fascia 22/33 anni circa d'età). Il concomitante passaggio dissonante di Urano che ha lanciato (o lancerà) una quadratura a Venere natale, e di Plutone che ha lanciato (o lancerà) un'opposizione all'astro dell'amore, ha verosimilmente accompagnato un periodo difficile nella sfera affettiva. Tuttavia, l'età del soggetto consente ampie possibilità di recupero e, facendo tesoro dell'esperienza, fondare nuovi più e più consapevoli rapporti.

Se Venere è in Acquario nel cielo natale, si troverà in trigono a Nettuno-Bilancia e in opposizione a Plutone-Leone (n. 1 dello schema già visto sopra: attualmente donne nella fascia di 60/70 anni circa di età). Questa posizione di Venere natale ha beneficiato (o beneficerà) del concomitante transito di Saturno-Sagittario e Urano-Ariete, che entrambi lanceranno un sestile al pianeta degli affetti. Venere-Acquario è originale, libera e libertaria. Se in precedenza ci sono stati problemi di salute, è un buon momento per recuperare.

Se Venere è in Pesci nel cielo natale, si troverà in trigono a Nettuno-Scorpione e in opposizione a Plutone in Vergine (n. 2 dello schema già visto sopra: attualmente donne nella fascia di 46/60 anni circa di età). È una posizione di nascita che promette molto, e colora di sé l'intera carta del cielo, soprattutto se Venere sta in casa V e Nettuno si trovi in casa I. Le donne dotate di quest'ultima configurazione possono essere autentiche "creature d'amore", oppure ancora esprimersi creativamente nei modi più svariati. Arti, danza, cinema, disegno, pittura, moda, canto, sono tante porte aperte su un'esistenza in cui armonia e felicità possono trovare ampio spazio. Queste persone hanno potuto (o potranno, a seconda dell'esatta collocazione di Venere in Pesci) fruire del transito di trigono che Plutone dal

Capricorno ha lanciato (o lancerà) a sé stesso e di sestile a Venere radix. C'è quindi la possibilità di "sciogliere" l'opposizione presente nel cielo natale. I soggetti in questione hanno sperimentato (o sperimenteranno) il passaggio di Nettuno, attualmente in Pesci, in congiunzione alla propria Venere radicale. Questo transito, preso in sé stesso, in genere non si presenta problematico e può portare buone realizzazioni nella sfera creativa o sentimentale; occorre però vigilare che non accompagni tendenze verso situazioni di illusione, confusione o addirittura di dissoluzione.

Che cosa si deve pensare della presenza della configurazione composita Venere-Nettuno-Plutone in un oroscopo femminile? In estrema sintesi, ribadito ancora una volta il concetto che essa va inquadrata nel complesso della carta del cielo natale (e tenendo altresì conto dei normali fattori extra astrologici quali l'ambiente e l'ereditarietà), si deve dedurre che il lato affettivo in genere, e talvolta il lato erotico, assume una forte rilevanza nella vita dei soggetti. Il carisma di cui sono generalmente dotate spesso consente loro di intraprendere con successo la carriera di modella o attrice, come s'è visto.

A prima vista, parrebbe più problematica la configurazione "Venere in trigono a Nettuno e in opposizione a Plutone" perché tende a conferire al soggetto una dotazione sentimentale troppo intensa, al limite del drammatico. Tuttavia anche la configurazione "Venere in trigono a Plutone e in opposizione a Nettuno" mentre sembra consentire un soddisfacente vissuto erotico, a sua volta comporta un approccio forse più complicato alle relazioni affettive, in cui il soggetto tende a lanciarsi in modo romanzesco e poco pratico, oserei dire da sprovveduti, e che possono sfociare in una molteplicità di rapporti di tipo illusorio/delusorio. I quali rapporti lasciano il soggetto affettivamente stremato e in perenne attesa del principe azzurro o, per converso, la invitano a intraprendere un percorso di tipo misticheggiante (con tutte le controindicazioni del caso), senza che ciò tuttavia escluda la possibilità di imboccare un sentiero genuinamente spirituale.

Sta alla coscienza egoica del soggetto e alla sua capacità di discernimento trarre il meglio da questa complessa disposizione. Una coscienza che sia in grado di operare delle differenziazioni come pure di ritrovare l'ingenuità, la spontaneità, la fiducia e il legame con il trascendente propri di una nettunianità consapevole e ben vissuta. Laddove il lato plutoniano coscientemente sperimentato costituisce la porta di accesso a una creatività che affonda le radici in un humus fecondo e profondo, dove si cela una pignatta colma di monete d'oro sepolta nelle proprie interiorità, in paziente attesa di essere portata alla luce.

LA POTENTE CONGIUNZIONE MARTE-GIOVE

Considero la congiunzione Marte-Giove uno degli aspetti astrologici più vigorosi di una genitura. Essa mette in relazione due pianeti che hanno molto in comune: entrambi governano segni di Fuoco (Ariete e Sagittario), sono "caldi" (Marte è caldo e secco, Giove è umido e caldo), e condividono molte delle parole chiave estratte e rilevate dalle ricerche statistiche dei coniugi Gauquelin. Lo vedremo in seguito. Entrambi si possono considerare indici di atteggiamento estroverso (secondo la definizione datane da C. G. Jung nel suo magistrale *Tipi psicologici*).

È importante ricordare che la correlazione fra Marte-Giove e l'atteggiamento estroverso – già postulata sin dal 1961 da André Barbault nel suo *Traité pratique d'astrologie* (trad. it. *Trattato pratico di astrologia*, Morin, Siena, 1967) fu in seguito attestata da uno studio condotto congiuntamente da Michel Gauquelin, Françoise Gauquelin e Hans Eysenck apparso nel 1979 sul *British Journal of Social and Clinical Psychology*. Ne ho pubblicato il risultato grafico a p. 63 del mio *Tipologia psicologica e tipologia astrologica*, al quale mi permetto di rimandare.

Barbault non si era però limitato ad affermare la correlazione di cui sopra; si era spinto a stabilire per entrambi i pianeti anche una corrispondenza con il tipo "collerico" della caratterologia di Le Senne. Scriveva

Barbault in merito alle valenze caratterologiche di Marte (p. 134):

"Collerico (Emotivo-Attivo-Primario); è portato all'estroversione. Carattere Ariete."

E, riferendosi a Giove (p. 135):

"Estroversione; più esattamente tipo *sensazione estroversa*. Collerico (Emotivo-Attivo-Primario)."

Nella pregevole *Guida al carattere* di Leo Talamonti[32] questo Autore ha così commentato, tra l'altro, il tipo Emotivo-Attivo-Primario: «Tutte le scuole caratterologiche si imbattono in questo tipo, che corrisponde appunto all'*estroverso* di Jung; al soggetto di *struttura mentale orizzontale* tratteggiato da Sheldon; al tipo *collerico*[33] della teoria umorale; a quello *gioviale* della tipologia morfologico-astrale (il che non pregiudica la possibilità che alcuni soggetti più "attaccanti" degli altri si accostino alquanto al tipo *marziale*).»

Un lavoro che pretenda di essere attendibile agli occhi di chi si accosta con una certa diffidenza al pensiero astrologico dovrebbe a mio avviso essere corroborato, per quanto possibile, anche da ricerche statistiche. A questo proposito ci soccorrono gli imponenti risultati di Michel e Françoise Gauquelin. Leggiamo:

---

[32] Leo Talamonti, *Guida al carattere*, Mondadori, Milano, 1976, p. 126.
[33] In realtà è il *bilioso* della scuola ippocratica.

"Presso 3.438 militari conosciuti, Giove e Marte si trovano in eccedenza nelle posizioni che seguono il sorgere e la culminazione al meridiano. Giove 703 volte invece di 572 e Marte 680 volte invece di 590. Probabilità del caso nelle due situazioni: meno di una su un milione.[34]"

A ben vedere, notiamo anche una certa contiguità in alcune parole chiave elaborate dai Gauquelin per i due pianeti, in un'ottica di diagnosi caratterologica.

Eccole riferite a Marte:

"Attrae l'attenzione, accanito, attivo, aggressivo, pieno di vita, ardente, audace, avventuroso, battagliero, impulsivo, burbero, brutale, cocciuto, ha del carattere, scavezzacollo, si applica con entusiasmo al lavoro, manesco, irascibile, combattivo, comportamento coraggioso, concentrato, conquistatore, coriaceo, coraggioso, ha del fegato, deciso, determinato, ricerca la difficoltà, duro, dinamico, efficace, resistente, energico, si allena a fondo, intraprendente, fanatico del suo sport, appassionato, dotato di fede, uno che attacca, focoso, franco, vincitore, temperamento generoso, astioso, condotta eroica, impetuoso, inesorabile, implacabile, indomabile, instancabile, intrattabile, lottatore, padrone di sé, ha del morale, vigoroso, ostinato, offensivo, caparbio, perseverante, impavido, tutto d'un pezzo, collerico, sguardo ardente, sguardo cattivo, sguardo vivo, azzardoso, rude, dotato di sangue freddo, gioca forte, sicuro, supera le difficoltà, temerario, ha del temperamento, tenace, terribile,

---

[34] Michel Gauquelin, *Il dossier delle influenze cosmiche*, Astrolabio, Roma, 1975, p. 41.

testardo, lavoratore, valente, valoroso, violento, virile, pieno di vitalità, vivace, volitivo.»

E quelle riferite a Giove:

"Spigliato, ambizioso, ha amor proprio, divertente, tempestivo, arrivista, sicuro di sé, audace, autorevole, canzonatore, gaudente, buontempone, brillante, chiassoso, categorico, chiacchierone, caustico, caloroso, affascinante, collerico, comunicativo, ha autostima, conquistatore, polemico, sprezzante, spendaccione, dispotico, contestatore, loquace, umoristico, dominatore, comico, elegante, eloquente, irritabile, disinvolto, testardo, intraprendente, invadente, brillante, espansivo, espressivo, sfarzoso, fiero, schietto, allegro, gesticolatore, gran signore, ardito, di buonumore, ha senso dell'umorismo, imperioso, impertinente, impetuoso, indipendente, inesauribile, intransigente, gioviale, gioioso, malizioso, leader, smisurato, espressivo, ama sfoggiarsi, beffardo, mordace, ostinato, ottimista, organizzatore, orgoglioso, aperto, loquace, ama scherzare, polemico, pomposo, carismatico, pretenzioso, potente, ironico, temibile, sarcastico, savoir-faire, seducente, socievole, rifugge la solitudine, sorridente, spirituale, sicuro di sé, suscettibile, simpatico, temerario, teatrale, risoluto, pittoresco, tirannico, vanitoso, esuberante, volubile."

Michel Gauquelin si vede poi obbligato, giustamente, ad affrontare il problema del linguaggio e afferma: «Parole come "ardente, audace, avventuroso" possono essere proprie del tipo Marte come del tipo Giove; saranno diverse però le motivazioni che spingeranno a quell'ardore, a quell'audacia, a quello spirito d'avventura, anche se un'unica parola le definisce. ... I grandi militari nascono più spesso dei comuni mortali con Marte o Giove dopo l'orizzonte e il meridiano. La lista dei tratti comuni a Marte e a Giove rappresenta un'eccellente descrizione del temperamento guerriero.» (Gauquelin, p. 120)

Entrando ora nello specifico, riporto qui di seguito un commento astrologico riferito alla congiunzione Marte-Giove: «Aspetto di autorevolezza e di affermazione che può manifestarsi in svariati modi: intraprendenza, spirito d'iniziativa, gusto delle azioni a vasto raggio o di realizzazioni pratiche, audacia, capacità di comando. Fa i capi e i leader audaci e ambiziosi, che delegano raramente mansioni e potere. L'aspetto implica una carica energetica e si esplica perfettamente nell'azione, tuttavia può anche essere fonte di accessi di collera. È il tipico aspetto del collerico.[35]»

Questo in linea generale, poiché le Autrici hanno in seguito avuto cura di dedicare una specifica chiosa all'aspetto che si verifica in ciascun segno zodiacale.

Segue ora una galleria costituita da personaggi pubblici che espongono la congiunzione in questione nel loro tema natale. Come ho più volte scritto in altre occasioni, l'aspetto va interpretato nel contesto della genitura, e assume

---

[35] Martine Barbault, Danièle Barbault, *Dictionnaire des aspects astrologiques*, Bussière, Paris, 1994, p.295.

particolare rilevanza quando è angolare, soprattutto se si trova all'*Ascendente* o al Medio Cielo.

Espongono questa congiunzione all'*Ascendente*: Robert Amadou, Tony Blair, Giorgio Corbelli, Erica Jong, Guy de Maupassant, Margaret Mead, George Wallace, Oliver Stone, Arthur Conan Doyle.

Tutti i dati di nascita di questo articolo sono tratti dall'archivio Rodden e dall'archivio Bordoni.

Robert Amadou (Bois Colombes, 16 febbraio 1924 alle 3:00). Da *Wikipedia* francese traggo: "Scrittore francese che ha svolto un ruolo importante nella diffusione della parapsicologia in Francia, e soprattutto nelle materie esoteriche (massoneria, marinismo, sufismo, ecc.). Si è sposato cinque volte." La congiunzione sta in Sagittario.

Tony Blair (Edinburgo, Scozia, 6 maggio 1953 alle 6:10). Diventa Primo ministro del Regno Unito a soli 44 anni, regge il Paese per 10 anni consecutivi. La congiunzione sta tra Toro e Gemelli.

Giorgio Corbelli (Sant'Arcangelo di Romagna, 17 luglio 1955 alle 6:00. Archivio Bordoni). Imprenditore nel campo delle reti televisive e in campo sportivo (basket, calcio, baseball). La congiunzione sta in Leone.

Erica Jong (New York, 26 marzo 1942 alle 10:25). Da *Wikipedia* inglese traggo: "Scrittrice e poetessa, nota per il suo controverso libro *Fear of Flying* (trad. it. *Paura di volare*) che diede l'avvio al femminismo di seconda generazione. 20 milioni di copie vendute." La congiunzione sta in Gemelli.

Guy de Maupassant (Tourville, 5 agosto 1850 alle 8:00). Scrittore. "Allievo di G. Flaubert, amico d'infanzia di sua madre, apprese da lui a dominare, in uno stile quanto mai concreto e preciso, il senso tragico della vita e del nulla e l'ardore sensuale che caratterizzano la sua narrativa, una delle vette più alte della letteratura europea dell'Ottocento. " (Treccani.it). Triplice congiunzione Venere-Marte-Giove in Vergine.

Margaret Mead (Philadelphia, Pennsylvania, 16 dicembre 1901 alle 9:00). Antropologa che raggiunse un vastissimo pubblico con i suoi libri sui costumi sessuali delle popolazioni di Samoa e di Papua Nuova Guinea. Sposata tre volte. Strettissima congiunzione Marte-Giove in Capricorno, a cui partecipa Saturno.

George Wallace (Clio, Alabama, 25 agosto 1919 alle 3:30). Politico segregazionista, populista, eletto più volte governatore dell'Alabama. Controparte di Martin Luther King durante la lotta per i diritti civili della gente di colore. Triplice congiunzione Marte-Giove-Nettuno in Leone.

Oliver Stone (New York, 15 settembre 1946 alle 9:58). Sceneggiatore, regista, produttore cinematografico. Vincitore di premio Oscar per la regia di *Platoon* e di *Nato il 4 luglio*. Il suo ultimo film, *The Putin interviews*, è «stato sommerso di critiche prima ancora di farsi conoscere, cosa che non dovrebbe stupire. L'ultimo lavoro di Oliver Stone, infatti, danza per quattro ore attorno a Vladimir Putin, "inseguito" tra dacie, partite di hockey e spostamenti aerei in una serie di interviste raccolte in due anni, tra il luglio 2015 (con la crisi Ucraina già al suo secondo anno) e il febbraio 2017, un mese dopo l'insediamento di Donald Trump alla Casa Bianca.[36]» Sposato tre volte. La congiunzione sta in Bilancia.

Arthur Conan Doyle (Edinburgo, Scozia, 22 maggio 1859 alle 4:55). Dapprima medico, poi scrittore noto in tutto il mondo per i libri di cui è protagonista Sherlock Holmes, coadiuvato dal fido dr. Watson. Conan Doyle fu massone, spiritista, ricercatore e figura di spicco nel campo dei fenomeni paranormali. La congiunzione sta in Gemelli.

Espongono la congiunzione al Medio Cielo: Mutsuhito, imperatore del Giappone, Rodolfo Valentino, Tommaso Buscetta, Angelina Jolie, Rocco Siffredi.

Mutsuhito Meiji Tenno (Kyoto, 3 novembre 1852 alle 13:00). Fu capace di traghettare il Giappone dall'era feudale all'era contemporanea, facendolo diventare una grande potenza industriale attiva nello scacchiere dell'estremo oriente. La congiunzione sta tra Scorpione e Sagittario.

Rodolfo Valentino (Castellaneta, 6 maggio 1895 alle 15:00. Archivio Bordoni). Famoso attore del cinema muto, ebbe un grande successo soprattutto presso il pubblico femminile. "Prototipo del *latin lover*, affascinante, dallo sguardo magnetico, attore discusso, Valentino rappresentò l'esasperazione dello *star system*, divenendo l'idolo di milioni di spettatori." (Treccani.it) La congiunzione sta in Cancro.

Tommaso Buscetta (Palermo, 13 luglio 1928 alle 7:00. Archivio Bordoni). Da *Wikipedia* italiano traggo: "È stato un

---

[36] Antonella Scott, *Un Putin "umano": l'ultimo (contestato) film di Oliver Stone*, Il Sole 24 Ore del 24/6/2017.

esponente di massimo prestigio all'interno di Cosa nostra e successivamente arrestato, collaboratore di giustizia durante le inchieste coordinate dal magistrato Giovanni Falcone; le sue rivelazioni furono storiche perché permisero una ricostruzione giudiziaria dell'organizzazione e della struttura di Cosa nostra." La congiunzione sta in Toro.

Angelina Jolie (Los Angeles, 4 giugno 1975 alle 9:09). Attrice di successo, vincitrice di premio Oscar. Impegnata in campo umanitario e dei diritti civili. Sposata tre volte. La congiunzione sta in Ariete, a cui partecipa anche la Luna.

Rocco Siffredi (Ortona, 4 maggio 1964 alle 11:30). Attore porno di successo. Erotomane. Congiunzione tra Ariete e Toro a cui partecipa Mercurio.

Propongo ora un piccolo scampolo di personaggi dotati della congiunzione che stiamo esaminando.

Toni Wolff, Maurice Chevalier, Georges Clemenceau, Filippo Melantone, Giacomo Casanova, Charles De Gaulle, Martin Lutero, Richard Nixon, Elisabetta II regina d'Inghilterra, Winston Churchill, John F. Kennedy, Percy Bysshe Shelley, Mary Astor, Amelia Earhart, Patrizia Reggiani, Santa Teresa d'Avila, Virginia Oldoini, contessa di Castiglione, Florence Arthaud, Jean-Marie Le Pen, Stefano Rodotà, Roberto Rossellini.

Mi limito a sottoporre poche notizie solo su alcuni di essi.

Qualche anno fa mi sono applicato a individuare l'ora di nascita di Giacomo Casanova[37] (Venezia, 2 aprile 1725),

---

[37] *Giacomo Casanova. Appunti per una ricerca.* Sta in *Il punto dell'astrologia.*

sconosciuta agli studiosi. A mio avviso, essa si potrebbe attestare sulle 4:40, con l'Ascendente che così cadrebbe a metà strada della sua congiunzione Marte-Giove in Pesci. Solo così riuscirei a spiegarmi la serie di mirabolanti avventure che contraddistinguono la vita di questo straordinario personaggio.

Per Martin Lutero mi permetto di rimandare il lettore al mio studio *Martin Lutero, gli oroscopi e l'attesa escatologica della fine del Quattrocento*[38]. A parere di André Barbault, la congiunzione Marte-Giove, pur non essendo angolare, assume notevole rilievo nell'economia generale di questo tema natale.

Nel tema natale di Elisabetta II, regina d'Inghilterra, la congiunzione sta in I casa, come pure quella di Winston Churchill e di Virginia Oldoini, contessa di Castiglione. Per di più quest'ultima la espone in Leone.

Nel poeta inglese Percy Bysshe Shelley l'aspetto è strettissimo e in zona Gauquelin rispetto al Discendente. Ad esso partecipa anche Nettuno.

Un caso del tutto particolare è quello dell'attrice americana Mary Astor: abbiamo qui una triplice congiunzione Venere-Marte-Giove, con Venere e Marte angolari al Discendente., tutti insieme in Gemelli. Quattro matrimoni e una vita costellata di scandali sessuali e di racconti piccanti.

Per una strana combinazione, anche il grande regista Roberto Rossellini sembra segnato in modo analogo dalla

---

[38] Sta in *Il punto dell'astrologia*, p. 201 e seg.

triplice congiunzione Venere-Marte-Giove, anch'essa in Gemelli: quattro matrimoni e sei figli da tre donne diverse.

Patrizia Reggiani viene riconosciuta quale mandante dell'omicidio del marito Maurizio Gucci e condannata a 29 anni di carcere. La congiunzione sta in I casa, a cui partecipa anche la Luna.

Concludendo, il mio intento era quello di richiamare l'attenzione degli studiosi su questa configurazione, certamente non rara (ma assai potente), poiché l'aspetto si forma a intervalli variabili che dipendono dalla retrogradazione dei due pianeti. L'ultima volta si è verificato il 18/10/2015 a 14° in Vergine, la prossima volta lo vedremo il 7/1/2018 a 18° Scorpione, e nuovamente il 29/5/2022 a 3° Ariete.

GIOVE E GLI ATTORI

Nel corso delle mie frequenti incursioni in database astrologici mi sono casualmente imbattuto nel dato di nascita del famoso attore spagnolo Antonio Banderas (Malaga, 10 agosto 1960 alle 21:00). Mi è subito saltata all'occhio l'ottima posizione di Giove culminane, per di più nel suo domicilio del Sagittario. Di conseguenza, il pensiero è andato alle imponenti ricerche statistiche dei coniugi Gauquelin, in particolar modo quelle riguardanti Giove e gli attori.

Le riassumo concisamente. Nei primi anni '70 del secolo scorso furono prese in esame 1.409 date di nascita (complete dell'ora) di famosi attori di cinema e teatro e fu rilevato che per 283 volte Giove figurava alla levata o alla culminazione, contro le 235 teoriche. La probabilità che lo scarto fosse dovuto al caso era di 1:1.000. Ossia, c'era una probabilità su mille che tale risultato fosse dovuto al caso. È un esito davvero notevole, tuttavia ancora lontano dallo strabiliante "effetto Marte" riscontrato nei campioni sportivi, su cui non posso soffermarmi in questa sede. A questo punto è bene lasciar parlare lo stesso Michel Gauquelin.

«È stata condotta analoga inchiesta sulle biografie degli attori conosciuti, che ci ha consentito di definire un tipo di temperamento, questa volta in relazione al pianeta Giove. Tale pianeta è rappresentativo delle persone di questo gruppo. Gli psicologi hanno descritto il temperamento abituale degli attori secondo le caratteristiche seguenti: elegante, immodesto, esuberante, sicuro, divertente, sprecone, spaccone, teatrale, eccentrico, ecc. Ma non tutti glia attori hanno quel carattere. Louis Jouvet ha stabilito un'interessante distinzione tra gli attori "che si mettono in mostra" e quelli "riservati". Questi ultimi, meno numerosi dei precedenti, possiedono i tratti caratteriali all'opposto, come la modestia, la riservatezza, la timidezza, la scrupolosità, ecc. Abbiamo classificato gli attori in due categorie, in funzione dei tratti caratteriali rilevati dalle loro biografie. I risultati sono chiari: gli attori "che si mettono in mostra" nascono due volte più spesso degli attori "riservati" allorché Giove ha appena attraversato l'orizzonte e il meridiano. Ciò indica che Giove è veramente il testimone del temperamento più frequente negli individui del gruppo, e cioè gli attori "che si mettono in mostra".[39]»

Riportiamo ora le parole chiave riferiti a questi ultimi.

«Senso degli affari, ostenta le proprie opinioni, amato dal pubblico, disinvolto, ha stile, altero, ambizioso, abbondanza di gesti, sicuro di sé, audace, autoritario, avventuroso, chiacchierone, bisogno di mostrarsi, recita con brio e con calore, istrione, capriccioso, caustico, celebre, passione nella recitazione, irascibile, senso del comico, comunicativo, comportamento estroverso, vanitoso, senso critico, indelicato, spigliato, spendaccione, dispotico, Don Giovanni, eloquente, entusiasta, vivace, birichino, dotato di spirito,

---

[39] Michel Gauquelin, *La cosmo-psychologie*, RETZ-CEPL, Paris, 1974, p. 55.

straordinariamente brillante, eccessivo, eccentrico, ardente, fiero, passionale, fondatore d'impresa teatrale, focoso, gaio, gesti disordinati, canzonatorio, gran signore, ardito, altezzoso, buon umore, idolo del pubblico, impaziente di arrivare, spirito inesorabile, imponente, impressionante, incisivo, indipendente, indisciplinato, indocile, insopportabile, invidiato, allegro, malizioso, sprezzante, mondano, spirito mordace, beffardo, opinioni ostili, originale, aperto, prestante, personalità, egoista, frizzante, piccante, pittoresco, attratto dalla politica, popolare, prestigioso, prodigo, provocante, collerico, beffardo, sa arricchirsi, buontempone, schietto, sfacciato, suscita lo scandalo, spiritoso, ha successo, superbo, simpatico, triviale, irrequieto, turbolento, vanesio, dotato estroso, volubile.[40]»

---

[40] Michel Gauquelin, *Il dossier delle influenze cosmiche*, Astrolabio, Roma, 1974, p. 94

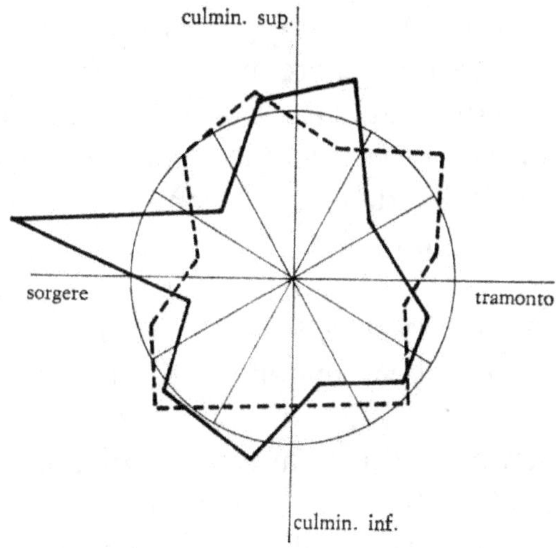

Figura 8 — Giove presso gli attori 'impudenti' e gli attori 'riservati'.
Il cerchio: *rappresenta il numero medio di attori nati con Giove nei settori del movimento diurno;*
Linea continua: *gli attori 'impudenti' nascono più spesso dell'insieme dei loro colleghi con Giove dopo l'orizzonte e il meridiano;*
Linea tratteggiata: *gli attori 'riservati' nascono meno spesso degli altri sotto le stesse posizioni di Giove.*
(*Tratto da*: *M. e F. Gauquelin*, Planètes et Psychologie de l'Acteur (*Pianeti e Psicologia dell'attore*, 1972, *Parigi*, *Pubblicazione del nostro Laboratorio*).

Va sottolineato che i ricercatori, nella formazione del campione, sono partiti scegliendo una specifica categoria professionale, "famosi attori di teatro e di cinema" e successivamente hanno riscontrato la frequenza significativa di Giove all'orizzonte o al meridiano. Se avessero scelto la categoria professionale "militari di altissimo grado" (come in effetti hanno fatto in altra differente ricerca) avrebbero anche in questo caso trovato Giove all'orizzonte o al meridiano con una frequenza ancor più significativa di quella riscontrata negli attori. Gli attori "gioviali" costituiscono pertanto una sottocategoria della più vasta famiglia degli attori, della gente di spettacolo, poiché un attore può nascere sotto qualsiasi cielo, ed eccellere nella sua professione, pur se privo di un Giove angolare. Come è stato, ad esempio, per Marilyn Monroe, Robert de Niro, Alberto Sordi, Totò, Paolo Villaggio, Vittorio de Sica, Gian Maria Volonté, Nino Manfredi, e tanti altri. Anzi, una secondo una classifica che propone il volto dei migliori 20 attori del cinema americano, solo tre di essi (Al Pacino, Paul Newman e Dustin Hoffman) espongono Giove all'Ascendente o al Medio Cielo.

Sgombriamo subito il campo da un possibile equivoco: non è il pianeta a "fare" la professione (idea che rimanda a un rapporto di causa-effetto, ipotesi abbondantemente superata) oppure il carattere del soggetto, bensì, come afferma André Barbault, «è la struttura umana originaria a "richiamare", a richiedere una condizione celeste in grado di rifletterla. Insomma, si può dire che *non si è come si nasce, ma si nasce come si è*». Le ragioni che inducono un soggetto a intraprendere una carriera anziché un'altra sono molteplici e non possono essere trattate in questa sede. Ci sono testi specializzati che hanno affrontato l'argomento, in cui gli Autori si sono cimentati nel coniugare astrologia e orientamento professionale.

Segue ora un breve elenco di gente dello spettacolo italiani e stranieri, in gran parte noti anche al pubblico nostrano. I dati di nascita provengono dall'archivio Rodden (stranieri) e dall'archivio Bordoni (italiani). Salvo casi particolari, evito di riportare i titoli dei film che li hanno resi famosi, poiché in genere l'elencazione sarebbe più che abbondante.

<u>Attori e attrici che presentano Giove culminante al Medio Cielo.</u>

Antonio Banderas (Malaga, 10 agosto 1960 alle 21:00. Anagrafe.). Il successo arriva presto, ha solo 22 anni quando il famoso regista Pedro Almodovar lo fa recitare nel film *Labirinto di passioni*. È il primo dei 5 film sotto la direzione di Almodovar, che lo consacra a 29 anni (età quanto mai significativa, che segna il primo ritorno di Saturno sulla sua posizione natale) attore protagonista in *Légami!* Il suo oroscopo evidenzia un sontuoso trigono Sole-Leone/Giove-Sagittario (quest'ultimo altissimo al Medio Cielo), trigono a cui partecipa anche Urano, strettamente congiunto al Sole. Il Sole collocato nella casa VI, in congiunzione a Urano, può forse render conto dei suoi problemi cardiaci, per altro brillantemente superati. La stretta congiunzione Venere-Plutone al Discendente rende conto del suo fascino magnetico.

Adolfo Celi (Messina, 27 luglio 1922 alle 16:30. Anagrafe.). Celi presenta la peculiarità di essersi stabilito in Brasile per 15 anni, prima di ritornare in Italia nei primi anni '60 del secolo scorso. La casa IX dell'oroscopo è occupata da Luna, Venere, Giove e Saturno. Giove si trova a 1° di distanza dal Medio Cielo.

Harrison Ford (Chicago, 13 luglio 1942 alle 11:41. Anagrafe.). Figlio d'arte, viene ricordato soprattutto per i suoi ruoli nella saga di *Guerre Stellari* e *Indiana Jones*. Il suo oroscopo è caratterizzato da un sontuoso Giove culminante in Cancro (segno di esaltazione del pianeta) a cui si aggiunge la presenza di 4 pianeti in casa X, e la ravvicinata angolarità di Nettuno all'Ascendente. L'attore va incontro a un periodo astrologicamente difficile per via delle prossime opposizioni che Saturno lancerà dal segno del Capricorno, a cui si aggiungeranno le opposizioni di Plutone sulla sua congiunzione Sole-Luna radix.

Vittorio Gassman (Genova, 1 settembre 1922 alle 15:00. Anagrafe.). Il caso di Gassman mi consente di richiamare l'attenzione del lettore sull'impossibilità di delineare un ritratto astropsicologico in base a un unico elemento, per quanto esso a prima vista possa apparire prevalente. È vero che Giove trionfa al Medio Cielo, per di più in felice congiunzione con Venere (nel suo domicilio della Bilancia), ma l'estroversione, l'ottimismo, le guasconate del Nostro sembrano cedere il passo di fronte ala più greve con-figurazione di cui mi sono occupato nel mio *Incursione nei regni inferi. Analisi astropsicologica di Plutone*. La riporto integralmente. «Anche Vittorio Gassman presenta una chiara segnatura plutoniana, con il Sole in sestile a Plutone e la Luna in quadratura a quest'ultimo, oltre ad altri aspetti di cui Plutone è parte ricevente. A rinforzare la presenza dell'astro, la presenza di Sole e Nettuno in casa VIII. E, per finire, Marte è angolare all'Ascendente. È noto che il grande attore fosse sovente depresso e si faceva ricoverare in clinica psichiatrica per ricevere sollievo. Sulla depressione e sulla melanconia sono stati scritti fiumi di parole, impossibili da riassumere neppure in forma di breve rassegna. Basti qui ricordare che, tradizionalmente, sotto il profilo astrologico, la melanconia da secoli viene associata al pianeta Saturno. Ora, esaminando la genitura di Gassman padre, non troviamo evidenza di un Saturno particolarmente significativo: non è angolare, non è leso in modo grave, è congiunto a Mercurio, aspetto che in qualche modo rinforza l'elemento Terra della carta del cielo. Eppure, il grande Mattatore andava soggetto a pesanti periodi "neri". Aveva molta paura della morte e ne era addirittura ossessionato; sottopongo pertanto agli studiosi l'ipotesi che gli stati depressivi fossero in realtà manifestazioni di una forma di tanatofobia, astrologicamente riconducibile al fascio di valori Plutone-casa VIII ben rappresentati nella sua genitura.»

Goldie Hawn (Washington, 21 novembre 1945 alle 9:20. Anagrafe.). Inizia la sua carriera come ballerina, prosegue come attrice specializzata in ruoli comici. Vanta una lunga carriera coronata da molteplici successi. Pur dichiarandosi di religione ebraica, s'interessa alle religioni comparate e dichiara di aver studiato il buddismo, il cristianesimo e sufismo. Evidenzia così una delle possibili valenze di Giove, ossia un'attenzione verso le grandi religioni.

Angelina Jolie (Los Angeles, 4 giugno 1975 alle 9:09. Anagrafe.). Raggiunge la notorietà interpretando il ruolo di Lara Croft nel film *Lara Croft: Tomb raider*. Un persona complessa che nella vita reale ha poco di gioviale: droga, depressione, due tentativi di suicidio. Si è recentemente assoggettata a mastectomia e ovariectomia al fine di ridurre il rischio di contrarre il cancro al seno e alle ovaie. Il suo Ascendente Cancro si è manifestato per il suo impegno a favore dei bambini nella sua qualità di ambasciatrice di buona volontà per l'Alto commissariato delle Nazioni Unite per i rifugiati. È madre di sei figli, di cui tre adottivi.

Al Pacino (New York, 25 aprile 1940 alle 11:02. Anagrafe.). Una vita difficile, prima di diventare uno dei mostri sacri del cinema americano. Nell'irrequietezza della sua gioventù, a 20 anni lo troviamo addirittura a Palermo a fare il gigolo per sopravvivere. Ha avuto tre figli da donne diverse, ma non si è mai sposato. Il suo cielo natale evidenza 4 pianeti in casa X, e Plutone all'Ascendente in Leone.

Cesare Polacco (Venezia, 14 maggio 1900 alle 1:30. Anagrafe.). Dotato di una bella voce, si fa attore di teatro, cinema e doppiatore. Una lunga carriera che lo vede però relegato in ruoli marginali. «La popolarità presso il grande pubblico giunge per Cesare Polacco nell'interpretazione, con molto umorismo e ironica partecipazione, dell'ispettore Rock nei "mini-gialli" dei *Caroselli* girati tra il 1957 e il 1968, dove alla fine, in risposta al suo fedele assistente (interpretato dall'attore Giuliano Isidori) che gli dice stentoreo: *"Lei è un fenomeno, ispettore. Non sbaglia mai!"*, Polacco si toglie con studiata lentezza il cappello facendo vedere il suo cranio calvo e pronuncia una frase rimasta celebre nella storia della pubblicità televisiva: *"Non è esatto! Anch'io ho commesso un errore, non ho mai usato la brillantina Linetti"*.» (*Wikipedia* italiano).

Giovanna Ralli (Roma, 2 gennaio 1935 alle 8:30. Anagrafe.). Attrice naturale, ha girato 75 film. Per capirne la psicologia, riporto un brano dell'intervista di Malcom Pagani, apparsa su *Il fatto Quotidiano* e ripresa dal sito Dagospia.com il 3 novembre 2014. «Facevo la comparsa, ma in realtà sognavo solo di comprare una bicicletta, sposare un operaio e andare all'altare vestita di bianco, su due ruote, senza particolari ambizioni. ... Ancora minorenne, mentre tiravo su due spicci come generica a Cinecittà, avevo fatto domanda di assunzione alla Chlorodont. La fabbrica di dentifrici. Poi, quasi per caso, mi presentai a un provino. Mi presero. Niente più operaio, niente più bicicletta. Alla Chlorodont m'avrebbero anche assunta, ma non tornai più indietro. "Sei nata per recitare" mi dicevano. ... Non c'era nessuno sforzo, nessuna scuola alle spalle, nessuna Accademia che tenesse. Essere attrice era un talento naturale. Come diceva Eduardo: "In teatro non si recita, è nella vita che si recita". Io passavo con grande leggerezza dal cinema al teatro, dal ruolo di protagonista al Carosello del sapone Lux.» Il magnetismo di Giovanna Ralli è riconducibile all'opposizione Venere-Plutone lungo l'orizzonte, mentre la sua religiosità corrisponde bene ai 3 pianeti collocati in casa XII.

Sylvester Stallone (New York, 6 luglio 1946 alle 19:20. Ora proveniente dalla madre.). Questo attore raggiunse la notorietà con la serie di film "Rocky" e "Rambo", per poi lanciarsi anche nella regia. Sul suo profilo Instagram, Stallone racconta dei suoi difficili inizi insieme al suo cane Butkus: «Eravamo entrambi magri, vivevamo in una topaia sopra una fermata della metropolitana, c'erano scarafaggi ovunque, non c'era molto da fare se non passare il tempo. Lì ha iniziato a studiare da sceneggiatore. Ed è lì, che mi è venuta l'idea di Rocky, anzi l'idea è stata sua (dice riferendosi al cane), ma non ditelo a nessuno.» Può sembrare strano, ma questa montagna di muscoli si dedica alla pittura con discreto successo, forse in sintonia con la sua stretta congiunzione Luna-Giove altissima al Medio Cielo.

Rodolfo Valentino (Castellaneta, 6 maggio 1895 alle 15:00. Anagrafe.). «Di una bellezza considerata straordinaria, Rodolfo Valentino era dotato di un fascino magnetico ed ambiguo che ne faceva un *latin lover* e un *tombeur de femme* quanto mai moderno e differente dai modelli - un po' stereotipati e per certi versi datati - di un Casanova o di un Don Giovanni; sotto questo aspetto fu anche uno dei primi *sex symbol* se non addirittura un vero e proprio *oggetto del desiderio*, destinato al *culto di massa*. Questo suo fascino - oltre che gli indubbi meriti di attore, in un'epoca in cui il cinema muoveva ancora tutto sommato i primi passi - lo consegnerà alla leggenda. » (*Wikipedia* italiano). La morte, a seguito di un attacco di peritonite, lo coglie prematuramente all'età di 31 anni, al culmine della notorietà e del successo.

Sigourney Weaver (New York, 8 ottobre 1949 alle 18:15. Anagrafe.). Anche per questa attrice il grande successo arriva all'età di 29 anni, con la partecipazione ad *Alien*, diretto dal mago della fantascienza Ridley Scott (chi non ricorda il suo *Blade Runner*, diventato immediatamente un film di culto?). Un solo matrimonio, che dura ininterrottamente dal 1984, di cui può forse render conto Venere collocata in casa VII, in sestile a Giove.

Rocco Siffredi (nato Rocco Antonio Tano, Ortona, 4 maggio 1964 alle 11:30. Anagrafe.). Attore porno, produttore. Può destare meraviglia che abbia incluso questo nominativo nella rassegna. In realtà occorre tener presente che le pellicole pornografiche sono film a tutti gli effetti, con una sceneggiatura, attori, regista, produttore. Certamente, gli attori appartengono a una ben specifica categoria, devono avere determinati requisiti fisici, e in qualche modo fanno storia a sé. Siffredi è uno di questi. Ha cominciato presto, aveva 20 anni, e non ha più smesso. Egli stesso riconosce di soffrire di una dipendenza, almeno stando all'intervista rilasciata ad Alessandro Banchero, direttore di *Confessioni donna*. «Quando questa voglia mi assale nella sua forma più violenta, arrivo persino a pensare che vorrei castrarmi per mettere fine al problema. Ma è proprio a quel punto che chiedo aiuto a Dio, tramite l'intercessione di mia mamma. ... La mia non è stata una vita facile, ho fatto tanti sacrifici (...) e ogni tanto esce fuori qualche problemino per **una sorta di diavolo** che è in me. Parlo della dipendenza dal sesso, di quella voglia continua di farlo e che, malgrado io abbia una moglie bellissima che non mi fa mancare niente, mi manda a volte fuori di testa, fino a farmi diventare quasi aggressivo. In quei momenti sento il bisogno di sfogare il mio desiderio con altre donne. ... Chiedo di aiutarmi a sconfiggere il demonio. A volte, quando il suo "attacco" è molto forte, scoppio anche a piangere. In quei casi prendo tra le mani la foto di mia madre, che porto sempre con me, prego e mi tranquillizzo.» (Marika Luongo, www.diredonna.it, 3 febbraio 2015)

Al di là di ogni facile ironia, leggendo queste confessioni – qualora siano veritiere – si ha l'impressione di essere di fronte a una persona bisognosa di aiuto. Il cielo natale di Rocco Siffredi evidenzia una triplice congiunzione Mercurio-Marte-Giove al Medio Cielo, con il Sole-Toro in trigono a Plutone-Vergine e contemporanea opposizione a Nettuno-Scorpione. Abbiamo già visto quest'ultima configurazione nel tema natale di Angelina Jolie, che però coinvolge segni zodiacali diversi.

<u>Attori e attrici che presentano Giove all'Ascendente.</u>

Anouk Aimée (nata Nicole Dreyfus, Parigi, 27 aprile 1932 alle ore 12:00. Anagrafe.). Fellini la rese famosa nel 1960 con una parte in *La dolce* vita. Ha 70 film al suo attivo, quattro matrimoni e altrettanti divorzi.

Giorgio Albertazzi (Fiesole, 20 agosto 1923 alle 12:15. Anagrafe.). Attore di teatro e cinema, regista teatrale dalla lunga e onorata carriera. Uno sguardo, anche sommario, al suo tema natale ne rivela l'eccezionalità. Giove è incollato all'Ascendente in Scorpione, e una quadruplice congiunzione Sole-Marte-Venere-Nettuno in Leone svetta grandiosa al Medio Cielo. Osserviamo anche il Grande Trigono Giove-Urano-Plutone nei segni d'Acqua. «Il più inquieto dei nostri attori, il più dolorosamente creativo. Un camaleonte. È energia pura traversata da forze devianti che si riconnettono a una certa qualità sciamanica. Albertazzi ha la vocazione della fenice. Ne deriva una specie di felicità elettrica che costringe questo attore difficilmente catalogabile a spendersi in continuazione. Tutto ciò che ha fatto, i progetti irrealizzati, le grandi creazioni drammatiche, gli spettacoli sbagliati, la vena di scrittore scavata sotto la pelle d'attore, la provocazione scagliata come un sasso contro le tentazioni della routine, tutto è catalogabile come un'anomalia. Hanno detto che ricorda Frank Sinatra. E come Frank Sinatra ha una voce che, nel suo flusso, modula una recitazione nervosa, labile, scattante, soffiata. Questa voce che sembra avere la facilità dell'acqua è stata da sempre il suo marchio» (Giorgio dell'Arti, cinquantamila.it) «Giorgio Albertazzi torna a calcar le scene. Ma nulla in lui è mutato: come sempre irto di ribellioni, sarcasmo, voglia di stupire e come sempre gentilmente arrogante e bellicosamente pieno di sé, "sono il più grande attore del mondo", Albertazzi l'inimitabile voce profonda e suadente oppure acuta e beffarda, continua mirabilmente a interpretare Albertazzi: attore amatissimo e *maudit*.» (Donata Gianeri, *Albertazzi con nostalgia*, La Stampa, 13/2/1989.)

Jane Fonda (New York, 21 dicembre 1937 alle 9:14. Anagrafe.). Non è solo attrice di teatro e cinema, è anche attivista di diritti civili, pacifista politicamente impegnata, coach di benessere corporeo, scrittrice. Sposata e divorziata tre volte. Il suo oroscopo evidenzia Giove, governatore del segno solare, strettamente congiunto all'Ascendente, in opposizione pressoché perfetta a Plutone. Nel corso delle mie ricerche, ho verificato che l'opposizione Giove-Plutone, soprattutto se si verifica lungo il meridiano o l'orizzonte, costituisce un aspetto particolarmente significativo che generalmente accompagna successi professionali nelle più diverse sfere di vita. Una volontà di potenza unita a rilevanti capacità creative. Il preciso sestile Sole-Marte, d'altra parte testimonia in merito alla componente ribellistica del suo carattere.

Greta Garbo (Stoccolma, 18 settembre 1905 alle 19:30. Anagrafe.). «Fra il crepuscolo del cinema muto e l'apogeo dello star system, è stata una delle dive più idolatrate della storia del cinema. Bellezza pallida ed evanescente, inconsueta per i parametri hollywoodiani, occhi grigi intensi e lineamenti aristocratici, un'espressione distante perennemente disegnata sulle labbra, ha offerto alla cinepresa un volto di eccezionale perfezione. È rimasta, anche al di là del valore artistico dei film interpretati, un'icona di sensualità e raffinato erotismo, fascino enigmatico e solitudine.» (Melania G. Mazzucco - *Enciclopedia del Cinema*, 2003). A prima vista, il cielo natale di Garbo colpisce l'occhio per la presenza di numerose opposizioni e quadrature. Tra queste ultime, è particolarmente significativa la quadratura Sole-Plutone, che potrebbe render conto del suo carattere difficile e impetrabile, mentre il sestile Venere-Plutone giustificherebbe il suo magnetismo erotico. Certamente, sotto il profilo psicologico, Garbo era fortemente introversa, quindi portata a dare spazio al proprio mondo interiore anziché alle relazioni con l'esterno.

Pietro Germi (Genova, 14 settembre 1914 alle 17:00. Anagrafe.). Attore, regista. La vivace penna di Oriana Fallaci ci consegna questo ritratto, pubblicato nel settimanale *L'Europeo* del 10/6/1962: «Nel corso degli ultimi anni avevo seguito di lui una leggenda e questa leggenda lo descrive scorbutico, irsuto, anarcoide, difficile, sempre travolto da collere apocalittiche e sempre pronto a menare le mani per schiaffeggiare le donne, le attrici e gli attori. ... Lo sapevo ad esempio che prestava soldi senza esitare, sapendo benissimo che non li avrebbe riavuti mai più, e che era un autodidatta indefesso, carico di sconcertante cultura?» «Quando non litiga o non polemizza, Germi parla pochissimo: le parole gli escono dalla gola a fatica alternandosi a penosi silenzi durante i quali egli fissa un punto nel vuoto o l'interlocutore come se non lo vedesse: lo chiamano per questo Pietro il Taciturno. La timidezza è, insieme alla facile collera, il suo maggiore difetto o la sua maggiore virtù.» Considerate tali caratteristiche, è inverosimile classificare Germi tra gli estroversi, ma resta il fatto che ha diretto film di grande successo che hanno segnato un'epoca, il più famoso dei quali resta a mio avviso *Divorzio all'italiana*. Gli accessi di collera, sono a mio avviso riconducibili all'esplosiva congiunzione Giove-Urano all'Ascendente, e la timidezza al Sole-Vergine corroborato da quattro pianeti in Cancro (cfr. la voce *Shyness* di Charles E. O. Carter, *An encyclopaedia of psychological astrology*).

Dustin Hoffman (Los Angeles, 8 agosto 1937 alle 17:07. Anagrafe.). Attore di cinema e di teatro, regista. Piuttosto basso di statura (1,66 cm.), un look non particolarmente attraente, e per giunta ebreo, in un momento in cui l'attore di successo doveva essere *Wasp* (white, anglo-saxon, protestant: bianco, anglosassone e protestante). «Durante un lungo periodo dei miei anni preadolescenziali ho vissuto in un quartiere che si potrebbe definire antisemita. Qualche vota mi hanno chiamato "sporco ebreo" e un paio di volte sono stato picchiato. Ce n'era abbastanza per negare, crescendo, di essere ebreo.» È considerato un perfezionista, e il successo arriva quasi per caso, grazie al fiuto e il coraggio del regista Mike Nichols, che gli affida il ruolo principale ne *Il laureato*. «Diciamo la verità: ero un outsider. *Il laureato* mi lanciò: l'incertezza dei giovani americani sul loro futuro, il paese immerso nella guerra in Vietnam. Quel film dovrebbe essere un monito a Hollywood, che ha smesso di raccontare la vita vera delle persone.» Il film giusto nel momento giusto. Un demone lo afferrava e gli diede la forza di vivere per 10 anni sotto la soglia di povertà. Una frase ce lo rivela: «Se hai un talento enorme, ti tiene per le palle, è un demone. Non puoi essere un uomo dedito alla famiglia, un marito e una persona premurosa, e simultaneamente quell'animale. Dickens non era una brava persona.» Il cielo natale di Dustin Hoffman evidenzia un eccellente trigono angolare Giove-Urano e un'opposizione Giove-Plutone lungo l'orizzonte. Completa il quadro un Grande trigono nei segni di Terra.

Simona Marchini (Roma, 19 dicembre 1941 alle 16:40. Anagrafe.). Attrice di cinema e TV, regista teatrale. C'è qualcosa di misterioso e ineffabile che traspare dagli occhi e dal sorriso di Simona, un mistero o un mondo di cui si riesce a cogliere solo qualche barlume. Ne ha lasciato trasparire alcune tracce in un'intervista rilasciata ad Antonio Gnoli e pubblicata su Repubblica.it il 17 aprile 2016. Leggiamo. «Professionalmente ho fatto tante cose. Spesso per caso e con successo. Ma non per questo posso dire che sia stato tutto liscio. È buffo. A una vita pubblica piena di soddisfazioni, non ha sempre corrisposto una vita privata altrettanto soddisfacente. ... Mi rivolsi a un'analista junghiana. Una donna meravigliosa: Hélène Erba Tissot, un'allieva di Ernst Bernhard. Era stata anche in India. Il riflesso orientale mi incuriosì. Mi regalò *Autobiografia di uno yogi* di Yogananda, un testo di filosofia vedica che aveva avuto molta influenza sui movimenti giovanili americani degli anni Sessanta. ... Intendo che non sono solo il personaggetto che fa ridere, anche se la comicità è una grande risorsa umana. E neppure la signora di buon cuore che pratica la solidarietà. Il lavoro con gli artisti, l'impegno in alcune scuole di periferia per insegnare canto e musica, sono state esperienze altrettanto importanti. ... Per una steineriana come me non esiste la colpa. E dunque non esiste il peccato. Esiste semmai l'esperienza lacerante di ciò che vivi. E il perdono, da questo punto di vista, è un lavoro profondo su sé stessi. Lo smantellamento di certi schemi, di alcune certezze acquisite. Che non vuol dire rinuncia alla responsabilità, ma vivere senza risentimento né veleni quanto ti è accaduto. Non sono, come vedi, una donna serafica e distaccata. E nel momento in cui perdono a me certe cose, so di perdonarle anche agli altri.» Nel cielo natale di Simona cattura subito lo sguardo il bel trigono angolare Venere-Giove, e tuttavia la chiave di lettura della sua personalità risiede a mio avviso nella stretta quadratura Sole-Nettuno. Ha l'enigmatico sorriso della Gioconda leonardesca, con le sue infinite possibilità.

Marcello Mastroianni (Fontana Liri, 26 settembre 1924 alle 12:15. Anagrafe.). Il modo migliore per avvicinarsi alla psicologia di Marcello Mastroianni è quello di ascoltare le parole da lui dette quando aveva 46 anni. Possono sorprenderci al punto da lasciarci increduli, tuttavia è il soggetto stesso che desidera confessarsi, e dobbiamo dargli ascolto. «Non mi piaccio. Non mi sono mai piaciuto, neanche fisicamente. ... Non c'è nulla di forte in me, nulla di deciso. Non mi piaccio dentro. Tanto per dirne una, sono ignorante. Il mio livello culturale è mediocre, non mi sono mai sentito attratto dalla cultura. Non ho mai avuto curiosità per la politica, non ho ideologia. V'è troppa pigrizia mentale, in me, per preoccuparmi. Tipico degli uomini di scarsa cultura. Mi son sempre lasciato prendere da chi mi voleva e ho sempre abbandonato chi non mi voleva. Chissà perché. Spesso lo spiego dicendomi che son nato sotto il segno della Bilancia. Non posso muovermi né su né giù, mi dico, perché la Bilancia da sola resta in equilibrio: affinché si muova, una persona o un oggetto deve posarsi su uno dei suoi piatti. È un discorso idiota, lo so. Il vero motivo è la mia incertezza. Gli uomini del mio tipo non hanno forza di volontà, non sono capaci di atti drastici, non sanno prendere posizione. Girano intorno all'ostacolo senza saltarlo. Non a caso, la parola che uso con maggior frequenza è "ambiguo". Nei compromessi sono irraggiungibile. Alla mia infanzia torno sempre con angoscia e con rabbia. Mi vergognavo talmente della nostra povertà, e il problema della sopravvivenza fisica era così disperato per noi. Sono un uomo che ha paura a star solo. Esco dalla mia indifferenza, dalla mia abulia, solo attraverso il gioco dell'amore. Sono un vero vigliacco. Soprattutto in senso morale, come dimostro con le donne. Detesto la violenza, la brutalità in tutte le sue forme. Sono l'antieroe per eccellenza. È lecito chiedersi come sia diventato attore e perché. Lo sono diventato all'italiana, cioè non per vocazione. ... Alludo anche al mio amore per la bellezza, per l'eleganza, per l'estetica insomma. E infine alludo al fatto che sono timido come una fanciulla, pudico come una vergine, innamorato dei fiori come una donna. ... Io ho avuto tanta fortuna, solo fortuna. ... Tutti i soldi che guadagno li spendo, non ho soldi in banca sebbene tranquillizzi sempre mia madre dicendole un mucchio di balle sui miliardi che avrei messo in Svizzera. Mai avuto una lira in Svizzera ... » (Oriana Fallaci, *Marcello Mastroianni: radiografia di un uomo*, *L'Europeo* del 5/8/1971)

Paul Newman (Cleveland, Ohio, 26 gennaio 1925 alle 6:30. Anagrafe.). Attore, regista, produttore, pilota di auto da corsa, filantropo. Occhi azzurri e un fisico atletico lo rendono oggetto del desiderio di milioni di donne in tutto il mondo. Si sposa due volte, e il matrimonio con l'attrice Joanne

Woodward dura 50 anni. Negli anni giovanili ha fama di donnaiolo impenitente, ma non si nega avventure con altri attori famosi del suo tempo. Nel suo cielo di nascita spicca per importanza la potente opposizione Giove-Plutone lungo l'orizzonte, che pare appannare il peso di Saturno-Scorpione al Medio Cielo.

Nick Nolte (Omaha, Nebraska, 8 febbraio 1941 alle 10:40. Anagrafe.). Attore, modello. Una vita alquanto turbolenta a causa di una condanna nel 1965 per traffico di cartoline precetto contraffatte (era l'epoca della guerra in Vietnam), poi alcol e droga. «Ride. La sua voce è un po' uno sbuffare, un po' un brontolio, il fruscio di un sacchetto pieno di biglie sintonizzate ai ritmi di un marinaio del vecchio mondo. Il discorso si fa lento quando parla dell'infanzia irrequieta a Omaha, del disprezzo per la scuola, della predilezione per gli sport, della carenza del padre, veterano della II guerra mondiale, e commesso viaggiatore. "Ricordo che avevo paura degli adulti. Il mio babbo rientrò dalla guerra talmente magro che non riuscii a riconoscerlo. Ero destinato ad essere problematico. " Nolte ha avuto reiterati problemi di alcol e droga e poteva diventare aggressivo. Oggi sembra più equilibrato. Dopo tre matrimoni falliti, ora sta con l'attrice Clytie Lane. Hanno una bambina di sette anni.» (Jeffrey Fleishman, *Los Angeles Times*, 27 agosto 2015). L'oroscopo dell'attore evidenzia una perfetta congiunzione Giove-Saturno all'Ascendente in Toro, e Urano – governatore del segno solare – in I casa sembra aver giocato una parte non secondaria nel forgiare il carattere del soggetto.

Steve Reeves (Glasgow, Montana, 21 gennaio 1926 alle 8:00. Anagrafe.). Culturista, attore specializzato nel genere "peplum", diventato famoso per i film girati in Italia tra la fine degli anni '50 e gli inizi degli anni '60 del secolo scorso. La trama delle pellicole era modesta, come pure la regia, ma Steve Reeves divenne ben presto l'idolo di molti adolescenti che ne ammiravano la superba struttura fisica. Un altro Acquario, come Paul Newman e Nick Nolte, con Saturno-Scorpione appena uscito dalla culminazione (vedi Paul Newman).

Winona Ryder (Rochester, Minnesota, 29 ottobre 1971 alle 11:00. Anagrafe.). «Timida, sofisticata, testarda, malinconica, sfrontata: in quegli immensi occhioni da cerbiatta possiamo intravedere le sfumature più profonde di un animo frastornato. Caldo ed emozionante, quello di Winona Ryder, è senza dubbio uno sguardo difficile da dimenticare, in cui dolcezza e determinazione possono coesistere alla perfezione. Diva culto degli Anni '90, è stata definita "la brava ragazza della porta accanto" ma, nel corso della sua carriera, la Ryder non si è sempre comportata da modello esemplare.» (Tratto dalla scheda pubblicata su *Mymovies.it*, alla quale rimando per l'interessante prosieguo.) I sopra citati dati biografici sembrano confermare l'importanza dell'angolarità di Giove-Sagittario all'Ascendente e il decisivo ruolo di Plutone culminante in Bilancia. Non credo sia un caso se i primi successi di questa attrice siano legato ai film "gotici" o dell'orrore, lampante richiamo al simbolismo plutoniano.

Ben Stiller (New York, 30 novembre 1965 alle 17:35. Comunicazione dell'ora ritenuta affidabile da Lois Rodden). Attore specializzato in ruoli comici, regista, produttore. Figlio d'arte (entrambi i genitori erano a loro volta attori), esordisce in una serie TV già all'età di dieci anni. Due brevi affermazioni di Stiller, tratte da *Wikiquote* e dal sito internet *International Movie Database* ci aiutano a comprenderne il carattere. «Se i miei genitori fossero stati, per dire, idraulici, chissà che cosa starei facendo adesso?» Con ciò, l'attore dimostra di essere perfettamente consapevole del peso esercitato dall'ambiente familiare nella scelta della professione. A questo proposito, ritengo utile riportare un brano tratto da un testo di André e Anne Barbault[41]: « Occorre subito ricordarci che il tema natale ci parla unicamente di qualità innate, e ne rende conto solo in termini di potenzialità. La parte dei caratteri acquisiti è indubbiamente ciò che salta immediatamente agli occhi, poiché il suo influsso è più diretto e determinante. Per rendersene conto, basti osservare l'influsso dell'ambiente famigliare sul destino professionale; l'atmosfera in cui nasce e viene allevato il bebè contribuisce in primo luogo a sensibilizzarlo, oltre al desiderio dei genitori di metterlo a cavallo. Marie Dorval, Eleonora Duse, Jane Fonda, Romy Schneider... quante artiste sono figlie di attori o attrici? ... Poco importa se una parte di ereditarietà possa ricongiungersi all'immersione in un simile ambiente nutritivo! È sempre lì che si trova la radice originaria del destino di quelle donne, e non possiamo pretendere che la loro vocazione sia determinata e astrologicamente prevedibile. Tentare di giustificarla *a posteriori* per salvare un'illusione non sarebbe ragionevole. In realtà, la finezza delle nostre astralità si percepisce a un secondo livello, più in profondità e addirittura nell'intima silenziosità dell'essere, come un'ombra cinese proiettata sullo

---

[41] André e Anne Barbault, *Astrologia delle donne illustri*, cit.

schermo della vita. Siamo lontani dal poter fargli dire ogni cosa, poiché non hanno maggior voce in capitolo nelle grandi questioni dell'esistenza, che in primo luogo mettono in gioco l'*Io*, espressione della libertà della persona. E poi, ammettiamolo, non possiamo fare a meno d'incolpare le conoscenze, ancora maldestre, dell'astrologo contemporaneo. La rappresentazione della persona che, guardando il tema, l'interprete deve riuscire a farsi, rimane sempre limitata a una debole padronanza, a una composizione evanescente, spettrale. L'unico vero rimprovero che si merita oggi l'astrologia è legato all'insufficienza del suo sapere, di natura empirica, e a un approccio alla realtà dell'individuo ancora approssimativo e spesso troppo sfocato.» La seconda affermazione di Ben Stiller suona come segue: « Non sono stato un tipo facile. Credo che si chiami disturbo bipolare, maniaco depressivo, di cui abbiamo una lunga storia in famiglia.» È istintivo pensare al contrasto tra quel Giove incollato all'Ascendente e la congiunzione Luna-Saturno culminante, possibile espressione dell'alternanza tra stati euforici e melanconici. Nell'oroscopo di Nick Nolte abbiamo invece notato la perfetta congiunzione di Giove-Saturno all'Ascendente, indizio di un'armonica fusione dei principi rappresentati da questa potente coppia polare.

Conclusioni.

I risultati delle statistiche Gauquelin risultano congruenti, anche se riferiti a un campione come questo, molto ridotto e pertanto statisticamente non significativo. Ciò che mi lascia perplesso è l'elenco delle parole chiave riferite agli attori "che si mettono in mostra", e associate a un Giove alla levata o alla culminazione. In sostanza, a mio parere non è possibile stabilire un'equazione tra l'angolarità di Giove e il concetto di dominante come ce l'ha insegnato André Barbault nei suoi testi (si veda a questo proposito il suo *Trattato pratico di astrologia*). L'angolarità di Giove accompagna quindi il successo professionale, questo è il dato direi inoppugnabile regalatoci dai Gauquelin; tuttavia nemmeno può corrispondere al tipo di sensazione estroversa descritto da C. G. Jung e richiamato da Barbault nel suo *Trattato*. Su quest'ultimo specifico argomento, mi permetto segnalare il mio articolo *La potente congiunzione Marte-Giove* e, soprattutto, il testo *Jupiter & Saturne* (trad. it. *Giove & Saturno*) sempre di Barbault. Lo abbiamo visto esaminando le caratteristiche psicologiche di Greta Garbo, Pietro Germi, Angelina Jolie e Al Pacino, per nulla "gioviali" nel senso comune e astrologico del termine, solo per citare gli attori sopra riportati. L'arte di Urania è ancora incompleta e molti restano gli interrogativo in attesa di risposta. Richiede approfonditi studi e sempre nuove verifiche: *ars longa, vita brevis*, l'arte è lunga e breve è la vita, recita un antico aforisma, un invito all'umiltà e all'instancabile ricerca, scevra da pregiudizi e da qualsiasi partito preso. Un compito che potrà forse essere portato a termine dagli astrologi del terzo millennio.

GRAFICI OROSCOPICI

Natal Chart (Method: Astrowiki / Placidus)
Sun sign: Leo
Ascendant: Sagittarius

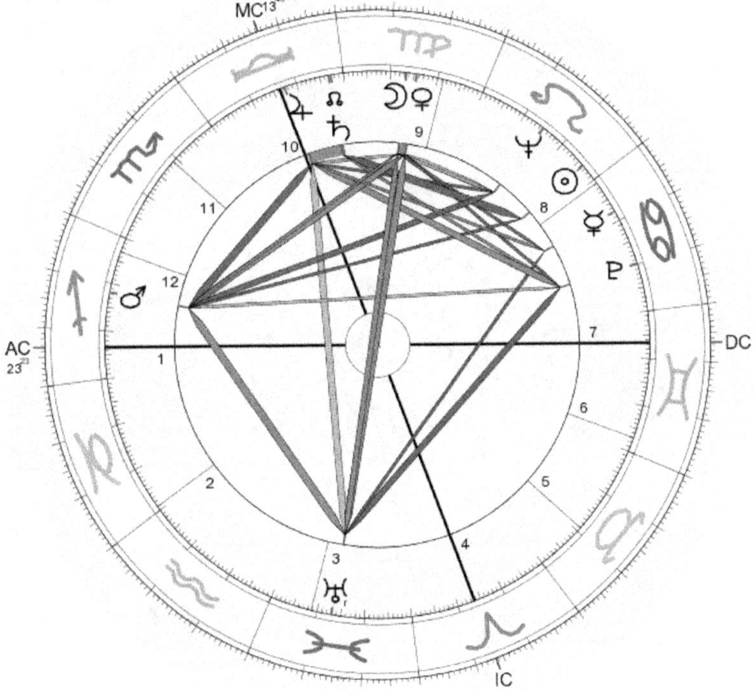

	Sun	☉	♌ 3° 47' 24"	Dom.
☽	Moon		♍ 16° 39' 51"	
☿	Mercury		♋ 22° 3' 3"	
♀	Venus		♍ 14° 26' 27"	Fall
♂	Mars		♐ 11° 52' 1"	
♃	Jupiter		♎ 12° 37' 12"	
♄	Saturn		♎ 3° 8' 53"	Exalt.
♅	Uranus		♓ 13° 1' 33"r	
♆	Neptune		♌ 15° 14' 24"	
♇	Pluto		♋ 10° 11' 32"	
☊	Mean Node		♎ 2° 40' 37"	
⚷	Chiron		♈ 17° 28' 54"r	
⚸	Lilith		♓ 22° 41' 21"	

AC: ♐ 23° 23' 11"   2: ♑ 29° 8'   3: ♓ 8° 46'
MC: ♎ 13° 40' 3"   11: ♏ 10° 55'   12: ♐ 3° 3'

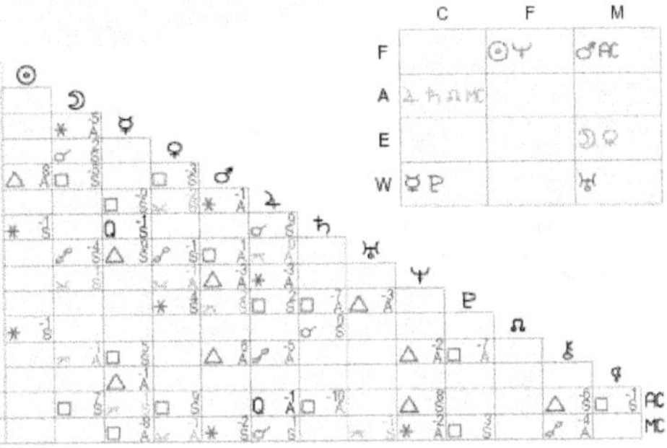

	C	F	M
F		☉ ♅	♂ AC
A	♃ ♄ ☊ MC		
E			☽ ♀
W	☿ ♇		♅

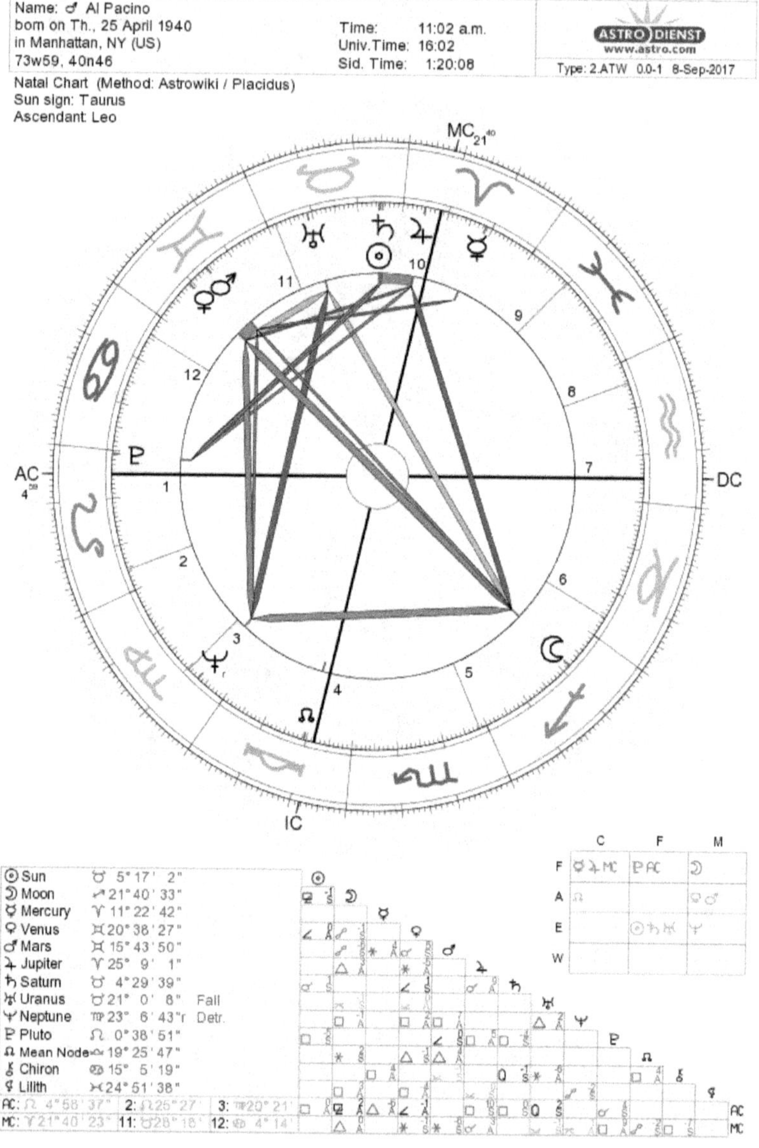

Name: ♂ Al Pacino
born on Th., 25 April 1940
in Manhattan, NY (US)
73w59, 40n46
Natal Chart (Method: Astrowiki / Placidus)
Sun sign: Taurus
Ascendant: Leo
Time: 11:02 a.m.
Univ.Time: 16:02
Sid. Time: 1:20:08
ASTRO DIENST
www.astro.com
Type: 2.ATW 0.0-1 8-Sep-2017
MC 21°40'
11
10
9
12
8
AC 4°58'
7 DC
1
2
6
3
5
4
IC
⊙ Sun   ♉ 5° 17' 2"
☽ Moon   ♐ 21° 40' 33"
☿ Mercury   ♈ 11° 22' 42"
♀ Venus   ♓ 20° 38' 27"
♂ Mars   ♓ 15° 43' 50"
♃ Jupiter   ♈ 25° 9' 1"
♄ Saturn   ♉ 4° 29' 39"
♅ Uranus   ♉ 21° 0' 6"   Fall
♆ Neptune   ♍ 23° 6' 43" r Detr.
♇ Pluto   ♌ 0° 38' 51"
☊ Mean Node ♎ 19° 25' 47"
⚷ Chiron   ♋ 15° 5' 19"
⚸ Lilith   ♓ 24° 51' 38"
AC: ♌ 4° 58' 37"   2: ♍ 25° 27'   3: ♎ 20° 21'
MC: ♈ 21° 40' 23" 11: ♉ 28° 18' 12: ♋ 4° 14'

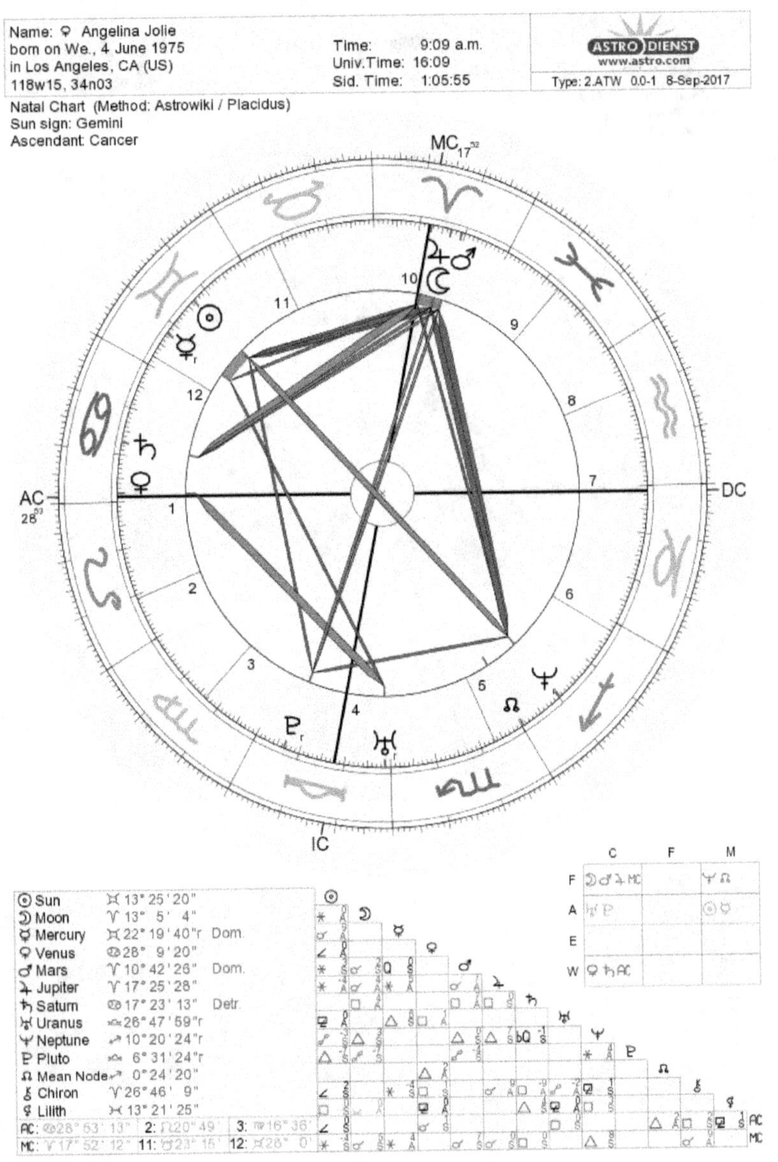

Name: ♀ Angelina Jolie
born on We., 4 June 1975
in Los Angeles, CA (US)
118w15, 34n03
Time: 9:09 a.m.
Univ.Time: 16:09
Sid. Time: 1:05:55
ASTRO DIENST
www.astro.com
Type: 2.ATW 0.0-1 8-Sep-2017
Natal Chart (Method: Astrowiki / Placidus)
Sun sign: Gemini
Ascendant: Cancer
MC 17
10
11
12
9
8
7
AC 28
DC
1
2
3
4
5
6
IC
⊙ Sun   ♊ 13° 25' 20"
☽ Moon   ♈ 13° 5' 4"
☿ Mercury   ♊ 22° 19' 40"r Dom.
♀ Venus   ♋ 28° 9' 20"
♂ Mars   ♈ 10° 42' 26" Dom.
♃ Jupiter   ♈ 17° 25' 28"
♄ Saturn   ♋ 17° 23' 13" Detr.
♅ Uranus   ♏ 28° 47' 59"r
♆ Neptune   ♐ 10° 20' 24"r
♇ Pluto   ♎ 6° 31' 24"r
☊ Mean Node ♐ 0° 24' 20"
⚷ Chiron   ♈ 26° 46' 9"
⚸ Lilith   ♊ 13° 21' 25"
AC: ♋ 28° 53' 13"   2: ♌ 20° 49'   3: ♍ 16° 36'
MC: ♈ 17° 52' 12"   11: ♉ 23° 15'   12: ♊ 28° 0'

Name: ♀ Anouk Aimée
born on We., 27 April 1932
in Paris, FR
2e20, 48n52

Time: 12:00 p.m.
Univ.Time: 11:00
Sid. Time: 1:30:12

Type: 2.ATW 0.0-1 8-Sep-2017

Natal Chart (Method: Astrowiki / Placidus)
Sun sign: Taurus
Ascendant: Leo

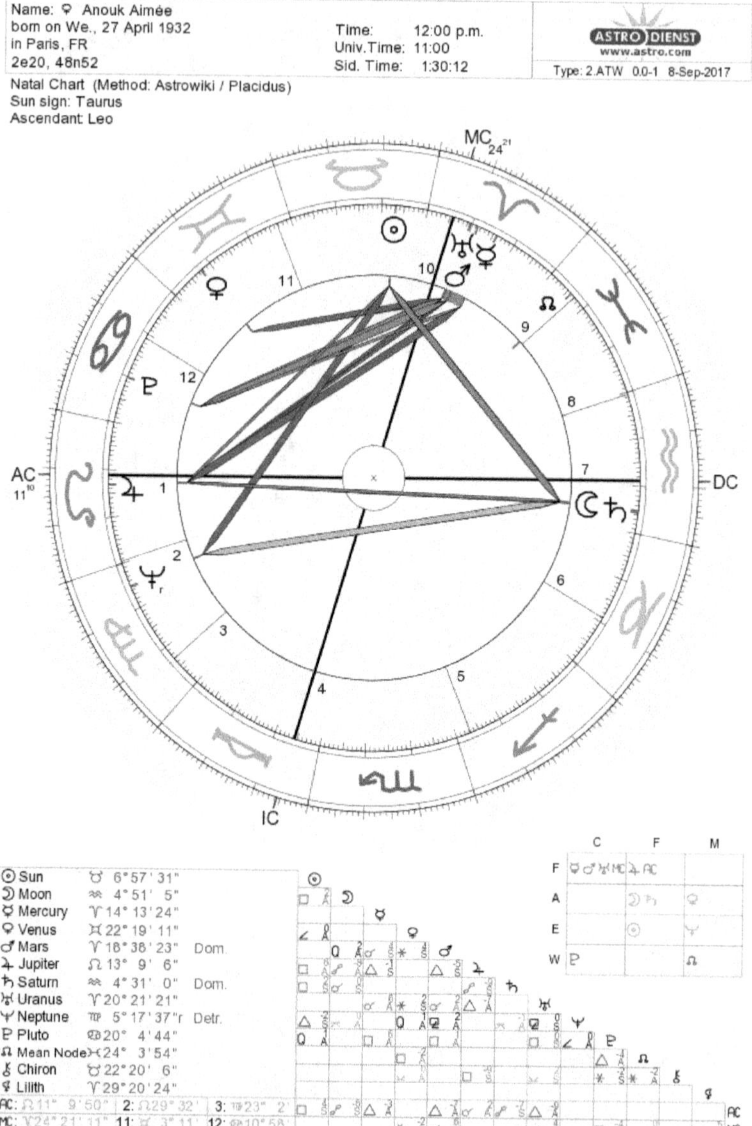

				C	F	M
☉ Sun	♉ 6°57'31"		F	☿ ♂ ♅ MC ♃ AC		
☽ Moon	♒ 4°51' 5"		A		☽ ♄	♀
☿ Mercury	♈ 14°13'24"		E		☉	♆
♀ Venus	♓ 22°19'11"					
♂ Mars	♈ 18°38'23"	Dom	W	♇		☊
♃ Jupiter	♌ 13° 9' 6"					
♄ Saturn	♒ 4°31' 0"	Dom.				
♅ Uranus	♈ 20°21'21"					
♆ Neptune	♍ 5°17'37"r	Detr.				
♇ Pluto	♋ 20° 4'44"					
☊ Mean Node	♓ 24° 3'54"					
⚷ Chiron	♉ 22°20' 6"					
⚸ Lilith	♈ 29°20'24"					

AC: ♌ 11° 9'50" 2: ♍ 29°32' 3: ♎ 23° 2"
MC: ♈ 24°21'11" 11: ♊ 3°11' 12: ♋ 10°58"

110

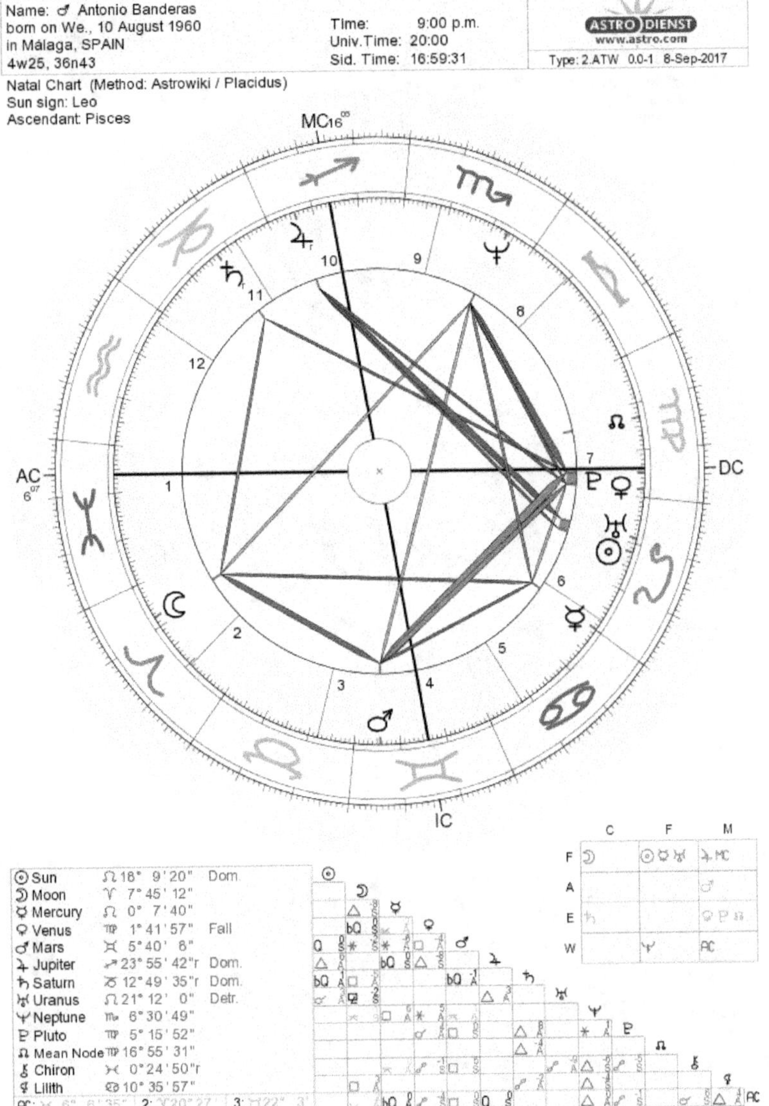

Name: ♂ Antonio Banderas
born on We., 10 August 1960
in Málaga, SPAIN
4w25, 36n43
Natal Chart (Method: Astrowiki / Placidus)
Sun sign: Leo
Ascendant: Pisces
Time: 9:00 p.m.
Univ.Time: 20:00
Sid. Time: 16:59:31
ASTRO DIENST
www.astro.com
Type: 2.ATW 0.0-1 8-Sep-2017

⊙ Sun   ♌ 18° 9'20"   Dom.
☽ Moon   ♈ 7° 45'12"
☿ Mercury   ♌ 0° 7'40"
♀ Venus   ♍ 1° 41'57"   Fall
♂ Mars   ♊ 5° 40' 6"
♃ Jupiter   ♐ 23° 55'42"r Dom.
♄ Saturn   ♑ 12° 49'35"r Dom.
♅ Uranus   ♌ 21° 12' 0" Detr.
♆ Neptune   ♏ 6° 30'49"
♇ Pluto   ♍ 5° 15'52"
☊ Mean Node   ♍ 16° 55'31"
⚷ Chiron   ♓ 0° 24'50"r
⚸ Lilith   ♋ 10° 35'57"
AC: ♓ 6° 6'35"   2: ♈ 20° 27'   3: ♉ 22° 3'
MC: ♐ 16° 4'30" 11: ♑ 7° 57'   12: ♒ 2° 19'

Name: ♂ Ben Stiller
born on Tu., 30 November 1965
in New York, NY (US)
74w00, 40n43

Time: 5:35 p.m.
Univ.Time: 22:35
Sid. Time: 22:17:20

Natal Chart (Method: Astrowiki / Placidus)
Sun sign: Sagittarius
Ascendant: Gemini

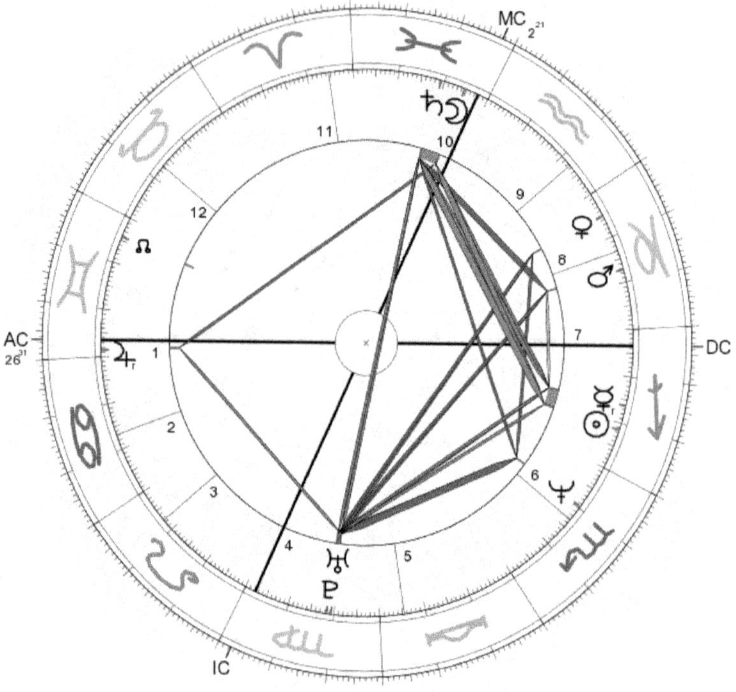

⊙ Sun	♐ 8° 31' 32"	
☽ Moon	♓ 5° 25' 8"	
☿ Mercury	♐ 13° 47' 18 "r	Detr.
♀ Venus	♉ 24° 44' 28 "	
♂ Mars	♉ 12° 41' 0 "	Exalt.
♃ Jupiter	♓ 28° 31' 37 "r	Detr.
♄ Saturn	♓ 10° 44' 10 "	
♅ Uranus	♍ 19° 21' 22 "	
♆ Neptune	♏ 20° 25' 25 "	
♇ Pluto	♍ 18° 21' 29 "	
☊ Mean Node	♓ 4° 17' 29 "	
⚷ Chiron	♓ 17° 58' 8 "	
⚸ Lilith	♒ 16° 21' 19 "	
AC: ♓ 28° 30' 32 "	2: ⊚ 16° 48 '	3: ♌ 7° 28 '
MC: ♓ 2° 21' 10 "	11: ♈ 6° 23 '	12: ♉ 16° 54 '

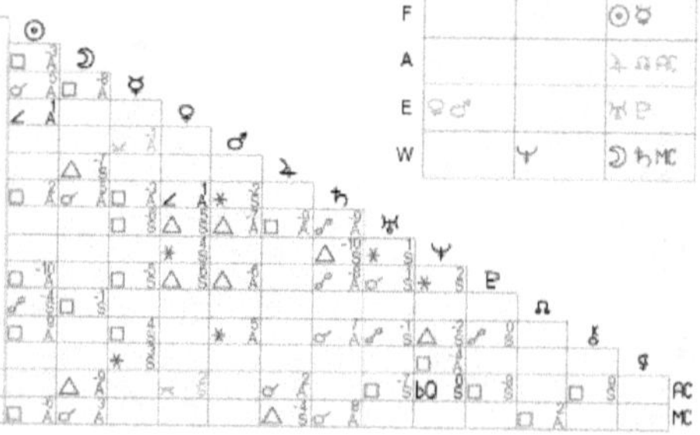

112

Nome: ♂ Cesare Polacco
nato il lun. 14 maggio 1900
a Venice, Italy
12e21, 45n27

Ora : 1:30
Tempo Univ.: 0:30
Tempo Sid.: 16:44:36

ASTRO DIENST
www.astro.com

Tipo: 2.ATW 0.0-1 8-Sep-2017

Carta natale (Metodo: Astrowiki / Placido)
Segno Solare: Toro
Ascendente: Acquario

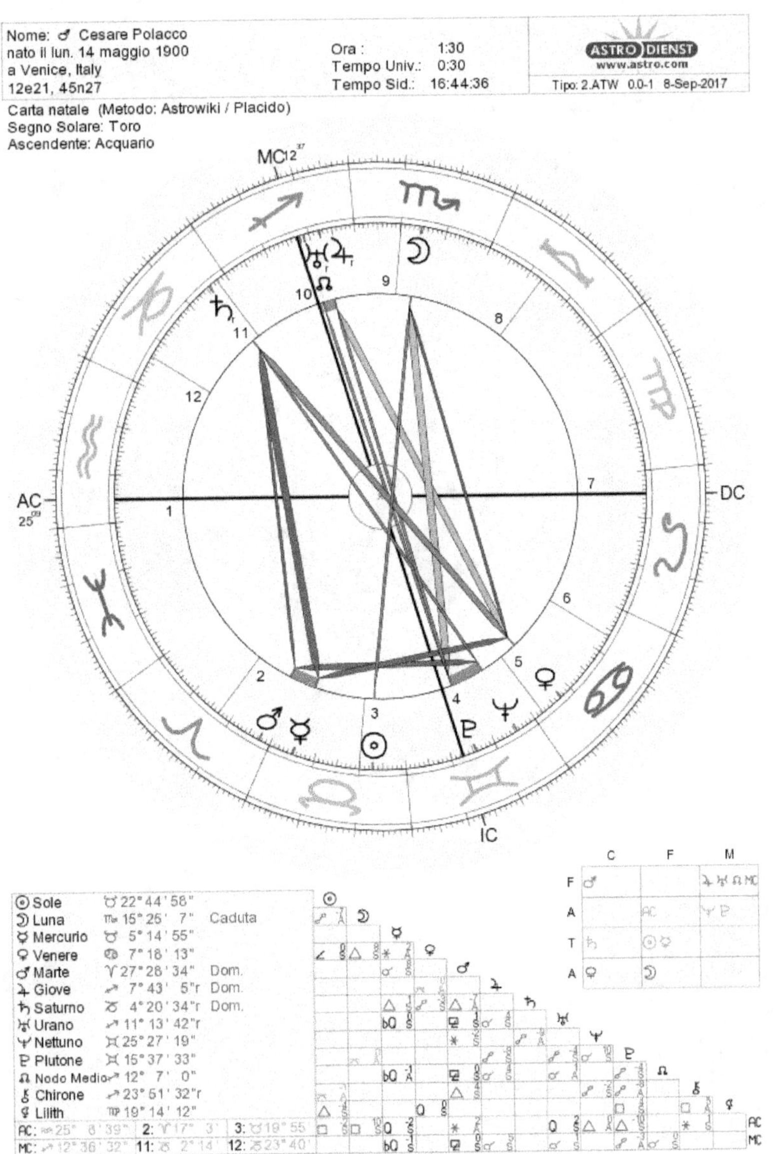

⊙ Sole	♉ 22° 44' 58"	
☽ Luna	♏ 15° 25' 7"	Caduta
☿ Mercurio	♉ 5° 14' 55"	
♀ Venere	♋ 7° 18' 13"	
♂ Marte	♈ 27° 28' 34"	Dom.
♃ Giove	♐ 7° 43' 5"r	Dom.
♄ Saturno	♉ 4° 20' 34"r	Dom.
♅ Urano	♐ 11° 13' 42"r	
♆ Nettuno	♊ 25° 27' 19"	
♇ Plutone	♊ 15° 37' 33"	
☊ Nodo Medio	♐ 12° 7' 0"	
⚷ Chirone	♐ 23° 51' 32"r	
⚸ Lilith	♍ 19° 14' 12"	

AC: ♒ 25° 6' 39" 2: ♈ 17° 3' 3: ♉ 19° 55'
MC: ♐ 12° 36' 32" 11: ♑ 2° 14' 12: ♒ 23° 40'

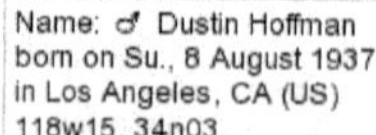

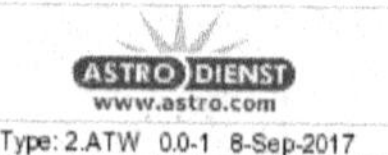

Name: ♂ Dustin Hoffman born on Su., 8 August 1937 in Los Angeles, CA (US) 118w15, 34n03	Time: 5:07 p.m. Univ.Time: 1:07 9 Aug. Sid. Time: 14:22:28	ASTRO DIENST www.astro.com Type: 2.ATW 0.0-1 8-Sep-2017

Natal Chart (Method: Astrowiki / Placidus)
Sun sign: Leo
Ascendant: Capricorn

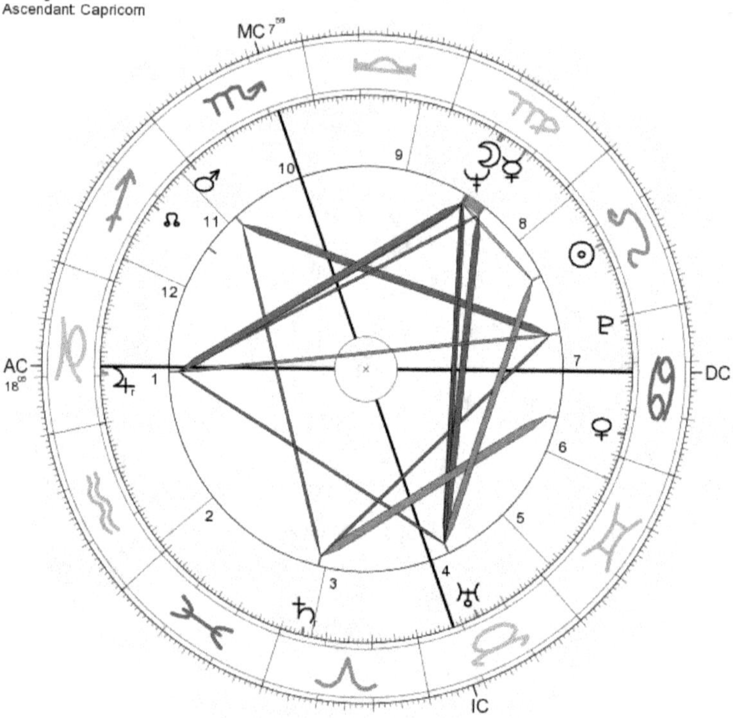

☉ Sun	♌ 16° 1' 37"	Dom.	
☽ Moon	♍ 18° 6' 12"		
☿ Mercury	♍ 11° 42' 7"	Dom. Exalt.	
♀ Venus	♋ 4° 43' 13"		
♂ Mars	♐ 0° 3' 11"		
♃ Jupiter	♑ 19° 26' 50"r	Fall	
♄ Saturn	♈ 4° 42' 8"r	Fall	
♅ Uranus	♉ 13° 38' 44"	Fall	
♆ Neptune	♍ 17° 29' 44"	Detr.	
♇ Pluto	♋ 28° 48' 57"		
☊ Mean Node	♐ 11° 53' 26"		
⚷ Chiron	♊ 28° 50' 27"		
⚸ Lilith	♐ 4° 26' 50"		
AC: ♑ 18° 4' 40"	2: ♒ 27° 49'	3: ♈ 6° 47'	
MC: ♏ 7° 58' 57"	11: ♐ 2° 44'	12: ♐ 24° 47'	

	C	F	M
F	♄	☉	♂ ☊
A			
E	♃ AC	♅	☽ ☿ ♆
W	♀ ♇	MC	

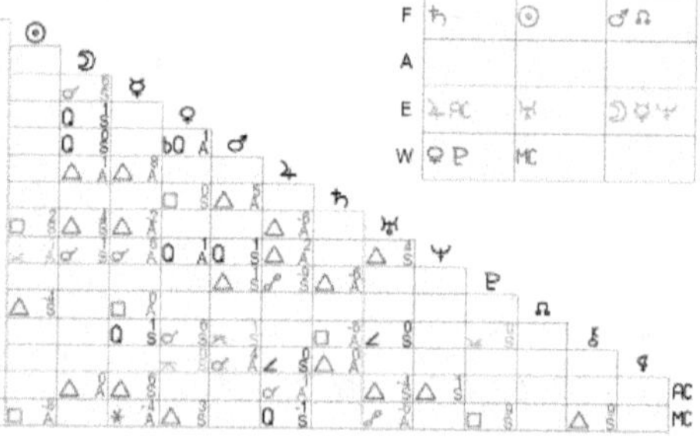

Name: ♀ Giovanna Ralli
born on We., 2 January 1935
in Rome, Italy
12e29, 41n54

Time: 8:30 a.m.
Univ.Time: 7:30
Sid. Time: 15:03:59

Type: 2.ATW 0.0-1 8-Sep-2017

Natal Chart (Method: Astrowiki / Placidus)
Sun sign: Capricorn
Ascendant: Capricorn

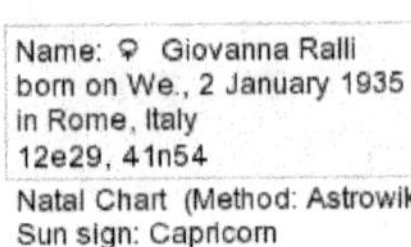

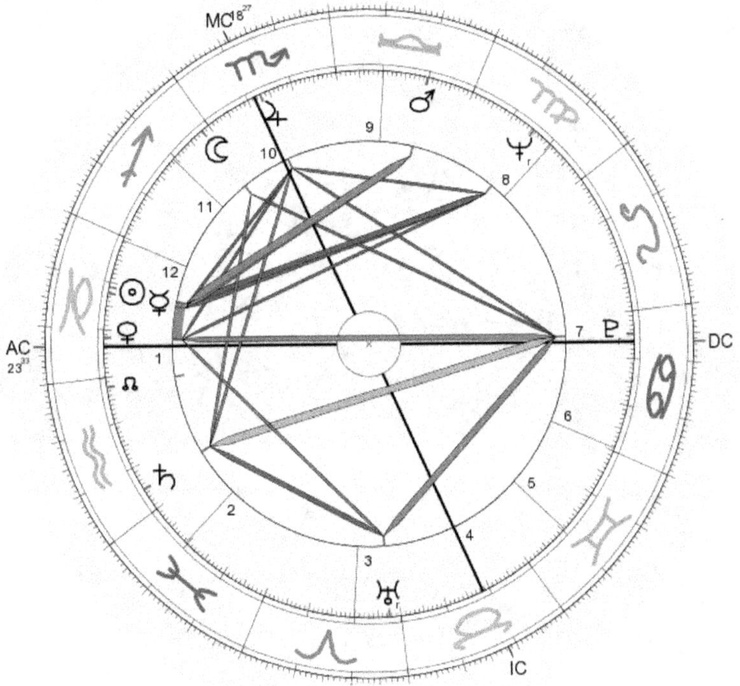

☉ Sun	♑ 10°58'59"	
☽ Moon	♐ 1°46'13"	
☿ Mercury	♑ 12°16'49"	
♀ Venus	♑ 21°40'7"	
♂ Mars	♎ 10°16'13"	Detr.
♃ Jupiter	♏ 17°4'10"	
♄ Saturn	♒ 25°7'26"	Dom.
♅ Uranus	♈ 27°30'16"r	
♆ Neptune	♍ 14°30'49"r	Detr.
♇ Pluto	♋ 25°15'54"r	
☊ Mean Node	♒ 2°10'55"	
⚷ Chiron	♊ 5°30'49"r	
⚸ Lilith	♌ 18°32'59"	

AC: ♑ 23°33'8"   2: ♓ 9°38'   3: ♈ 19°52'
MC: ♏ 18°27'21" 11: ♐ 10°30' 12: ♑ 0°40'

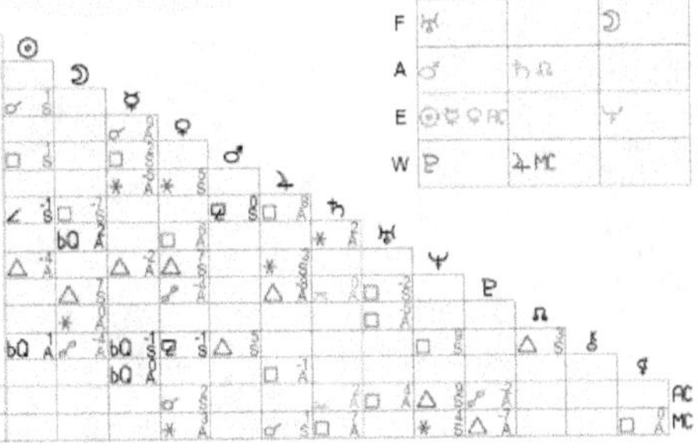

115

Name: ♀ Goldie Hawn
born on We., 21 November 1945
in Washington, DC (US)
77w02, 38n54

Time: 9:20 a.m.
Univ.Time: 14:20
Sid. Time: 13:12:44

Natal Chart (Method: Astrowiki / Placidus)
Sun sign: Scorpio
Ascendant: Sagittarius

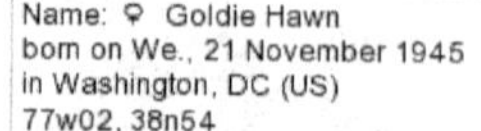

	☉ Sun	♏ 28° 55' 23"	
☽ Moon	♓ 26° 24' 12"		
☿ Mercury	♐ 20° 43' 54"	Detr.	
♀ Venus	♏ 11° 38' 31"	Detr.	
♂ Mars	♌ 2° 5' 20"		
♃ Jupiter	♎ 18° 28' 0"		
♄ Saturn	♋ 24° 41' 29"r	Detr.	
♅ Uranus	♓ 16° 6' 6"r		
♆ Neptune	♎ 7° 56' 36"		
♇ Pluto	♌ 11° 47' 25"r		
☊ Mean Node	♋ 1° 36' 47"		
⚷ Chiron	♎ 16° 15' 6"		
⚸ Lilith	♏ 11° 41' 27"		

AC: ♐ 27° 54' 19"   2: ♑ 5° 4'   3: ♓ 15° 29'
MC: ♒ 19° 41' 57"   11: ♏ 16° 0'   12: ♐ 7° 34'

Name: ♀ Greta Garbo
born on Mo., 18 September 1905
in Stockholm, SWED
18e03, 59n20

Time: 7:30 p.m.
Univ.Time: 18:30
Sid. Time: 19:30:12

ASTRO DIENST
www.astro.com

Type: 2.ATW 0.0-1 8-Sep-2017

Natal Chart (Method: Astrowiki / Placidus)
Sun sign: Virgo
Ascendant: Gemini

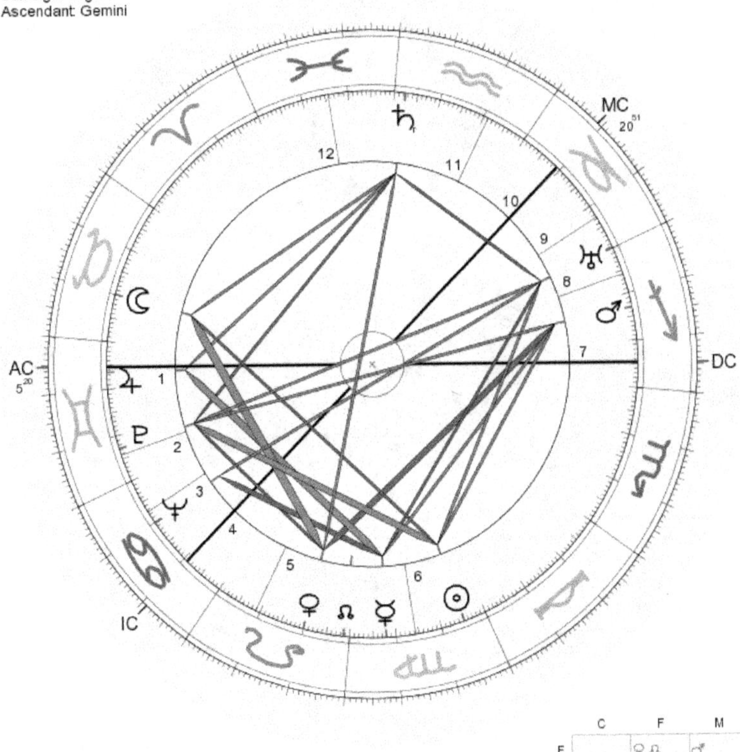

☉ Sun	♍ 25° 8' 59"	
☽ Moon	♉ 19° 58' 17"	Exalt.
☿ Mercury	♍ 7° 54' 26"	Dom. Exalt.
♀ Venus	♌ 19° 56' 3"	
♂ Mars	♐ 16° 59' 43"	
♃ Jupiter	♊ 6° 25' 23"	Detr.
♄ Saturn	♒ 27° 38' 40"r	Dom.
♅ Uranus	♑ 0° 16' 45"	
♆ Neptune	♋ 10° 14' 8"	
♇ Pluto	♊ 22° 44' 19"	
☊ Mean Node	♌ 28° 39' 5"	
⚷ Chiron	♒ 1° 35' 59"r	
⚸ Lilith	♈ 26° 45' 13"	
AC: ♓ 5° 19' 44"	2: ♓ 24° 10'	3: ♋ 7° 22'
MC: ♑ 20° 51' 20"	11: ♒ 9° 2'	12: ♓ 14° 17'

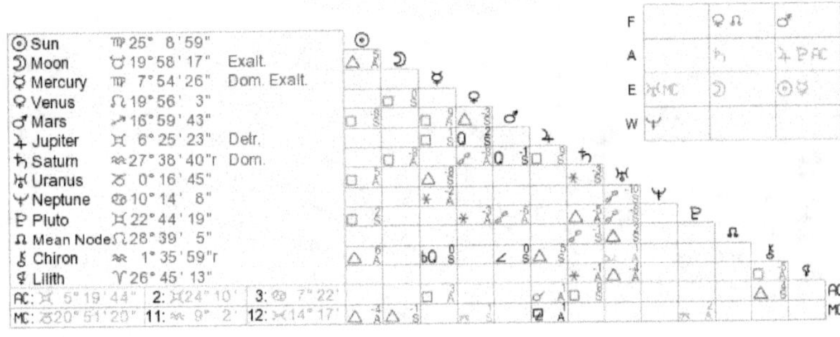

Name: ♂ Harrison Ford
born on Mo., 13 July 1942
in Chicago, IL (US)
87w39, 41n51

Time: 11:41 a.m.
Univ.Time: 16:41
Sid. Time: 6:14:07

ASTRO DIENST
www.astro.com

Type: 2.ATW 0.0-1 8-Sep-2017

Natal Chart (Method: Astrowiki / Placidus)
Sun sign: Cancer
Ascendant: Libra

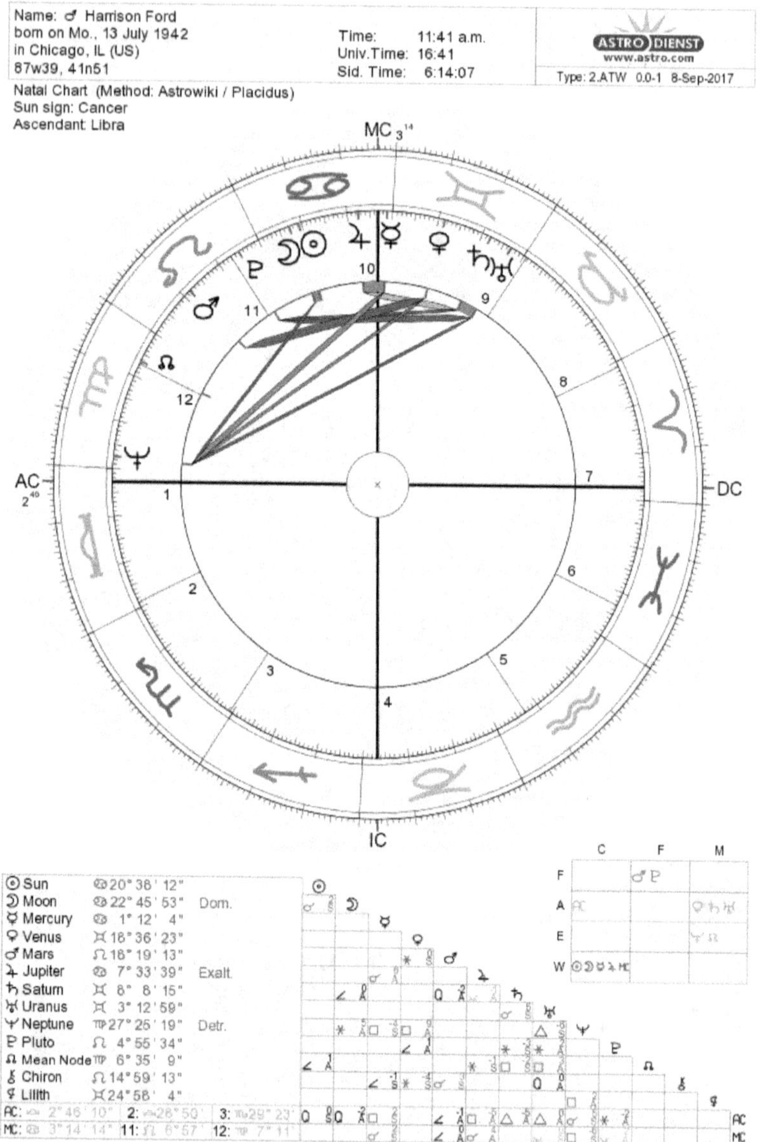

☉ Sun	♋ 20° 38' 12"	
☽ Moon	♋ 22° 45' 53"	Dom.
☿ Mercury	♋ 1° 12' 4"	
♀ Venus	♊ 18° 36' 23"	
♂ Mars	♌ 18° 19' 13"	
♃ Jupiter	♋ 7° 33' 39"	Exalt.
♄ Saturn	♊ 8° 8' 15"	
♅ Uranus	♊ 3° 12' 59"	
♆ Neptune	♍ 27° 25' 19"	Detr.
♇ Pluto	♌ 4° 55' 34"	
☊ Mean Node	♍ 6° 35' 9"	
⚷ Chiron	♌ 14° 59' 13"	
⚸ Lilith	♊ 24° 58' 4"	

AC: ♒ 2° 46' 10" 2: ♓ 28° 50' 3: ♈ 29° 23'
MC: ♋ 3° 14' 14" 11: ♌ 6° 57' 12: ♍ 7° 11'

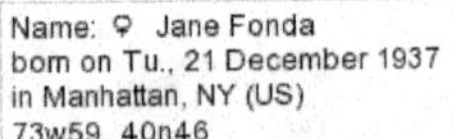

Natal Chart (Method: Astrowiki / Placidus)
Sun sign: Sagittarius
Ascendant: Capricorn

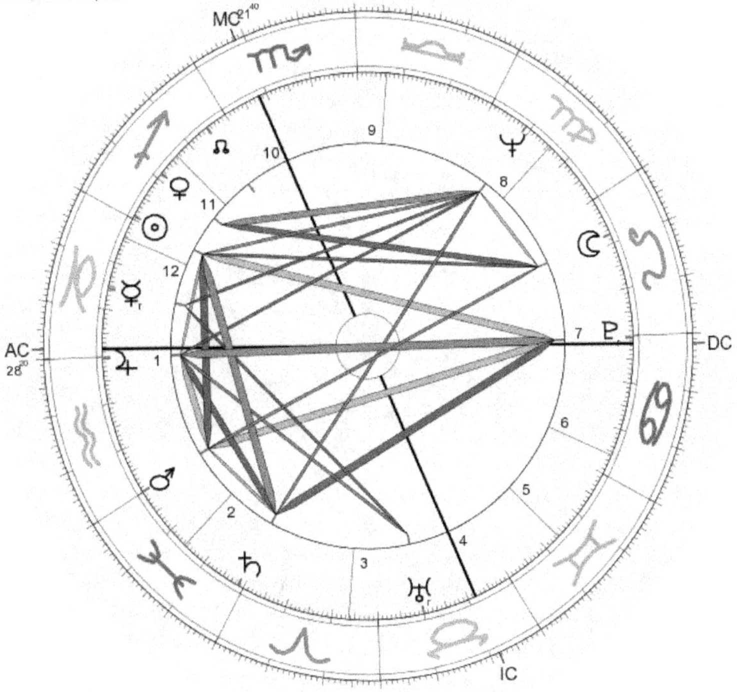

	C	F	M
F		☽	☉ ♀ ☊
A		♂ ♃	
E	☿ AC	♅	♆
W	♇	MC	♄

☉ Sun	♐ 29° 18' 57"	
☽ Moon	♌ 21° 59' 30"	
☿ Mercury	♑ 15° 33' 43"r	
♀ Venus	♐ 18° 39' 12"	
♂ Mars	♒ 29° 53' 19"	
♃ Jupiter	♒ 0° 18' 39"	
♄ Saturn	♓ 28° 41' 52"	
♅ Uranus	♉ 10° 2' 15"r	Fall
♆ Neptune	♍ 21° 9' 9"	Detr.
♇ Pluto	♋ 29° 36' 48"r	
☊ Mean Node	♐ 4° 45' 55"	
⚷ Chiron	♊ 28° 16' 58"r	
⚸ Lilith	♐ 19° 20' 58"	

AC: ♑ 28° 19' 47"	2: ♓ 14° 30'	3: ♈ 23° 41'	
MC: ♏ 21° 40' 11"	11: ♐ 13° 40'	12: ♑ 4° 17'	

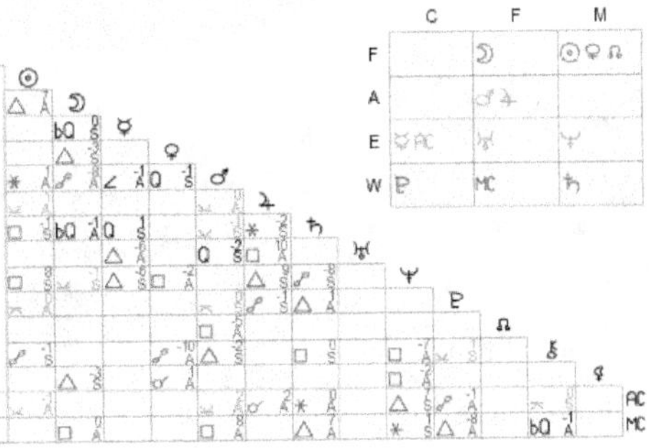

Name: ♂ Marcello Mastroianni
born on Fr., 26 September 1924
in Fontana Liri, ITALY
13e35, 41n37

Time: 12:15 p.m.
Univ. Time: 11:15
Sid. Time: 12:29:15

Type: 2.ATW 0.0-1 8-Sep-2017

Natal Chart (Method: Astrowiki / Placidus)
Sun sign: Libra
Ascendant: Sagittarius

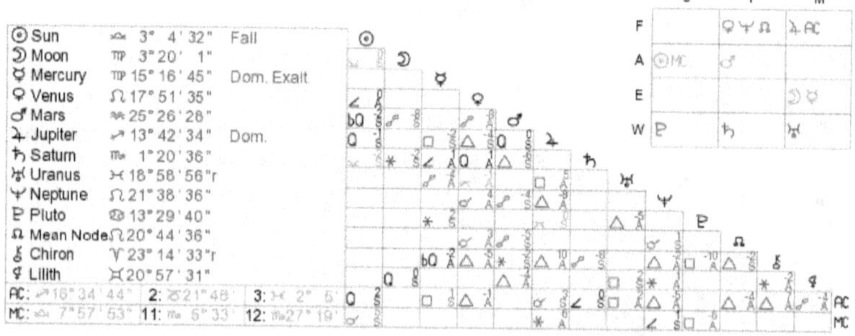

☉ Sun	♎ 3° 4' 32"	Fall
☽ Moon	♍ 3° 20' 1"	
☿ Mercury	♍ 15° 16' 45"	Dom. Exalt
♀ Venus	♌ 17° 51' 35"	
♂ Mars	♒ 25° 26' 28"	
♃ Jupiter	♐ 13° 42' 34"	Dom.
♄ Saturn	♏ 1° 20' 36"	
♅ Uranus	♓ 18° 58' 56" r	
♆ Neptune	♌ 21° 38' 36"	
♇ Pluto	♋ 13° 29' 40"	
☊ Mean Node	♌ 20° 44' 36"	
⚷ Chiron	♈ 23° 14' 33" r	
⚸ Lilith	♊ 20° 57' 31"	

AC: ♐ 16° 34' 44"   2: ♑ 21° 48'   3: ♓ 2° 5'
MC: ♎ 7° 57' 53"   11: ♏ 5° 33'   12: ♏ 27° 19'

120

Name: ♂ Nick Nolte
born on Sa., 8 February 1941
in Omaha, NE (US)
95w56, 41n16

Time: 10:40 a.m.
Univ.Time: 16:40
Sid. Time: 19:29:50

Type: 2.ATW 0.0-1 8-Sep-2017

ASTRO DIENST
www.astro.com

Natal Chart (Method: Astrowiki / Placidus)
Sun sign: Aquarius
Ascendant: Taurus

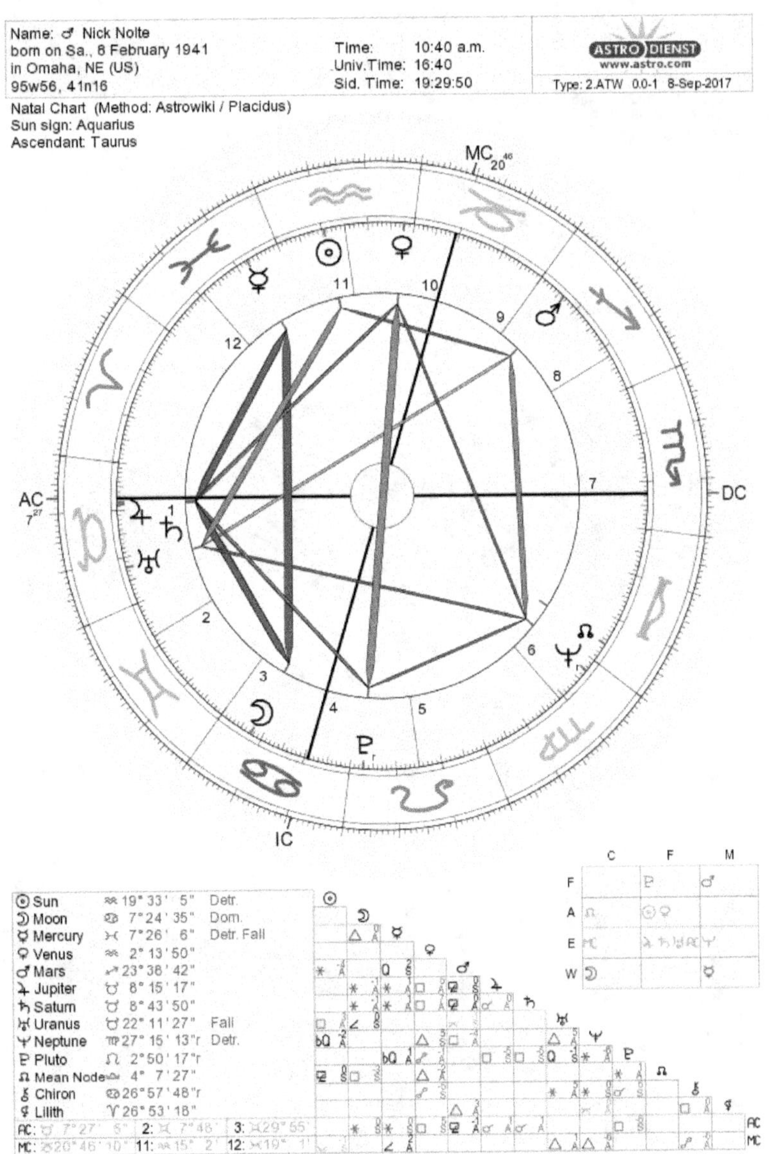

	☉ Sun	≈ 19° 33' 5"	Detr.
☽ Moon	♋ 7° 24' 35"	Dom.
☿ Mercury	♓ 7° 26' 6"	Detr. Fall
♀ Venus	≈ 2° 13' 50"	
♂ Mars	♐ 23° 38' 42"	
♃ Jupiter	♉ 8° 15' 17"	
♄ Saturn	♉ 8° 43' 50"	
♅ Uranus	♉ 22° 11' 27"	Fall
♆ Neptune	♍ 27° 15' 13"r	Detr.
♇ Pluto	♌ 2° 50' 17"r	
☊ Mean Node	♎ 4° 7' 27"	
⚷ Chiron	♋ 26° 57' 48"r	
⚸ Lilith	♈ 26° 53' 18"	

AC: ♉ 7° 27' 5"   2: ♊ 7° 48'   3: ♋ 29° 55'
MC: ♒ 20° 46' 10" 11: ≈ 15° 2' 12: ♓ 19° 1'

	C	F	M
F		♇	♂
A	♌	☉ ♀	
E	♍	♃ ♄ ♅ ♆ ♈	
W	☽		☿

Name: ♂ Paul Newman
born on Mo., 26 January 1925
in Cleveland, OH (US)
81w42, 41n30

Time: 6:30 a.m.
Univ.Time: 11:30
Sid. Time: 14:24:10

Type: 2.ATW 0.0-1 8-Sep-2017

Natal Chart (Method: Astrowiki / Placidus)
Sun sign: Aquarius
Ascendant: Capricorn

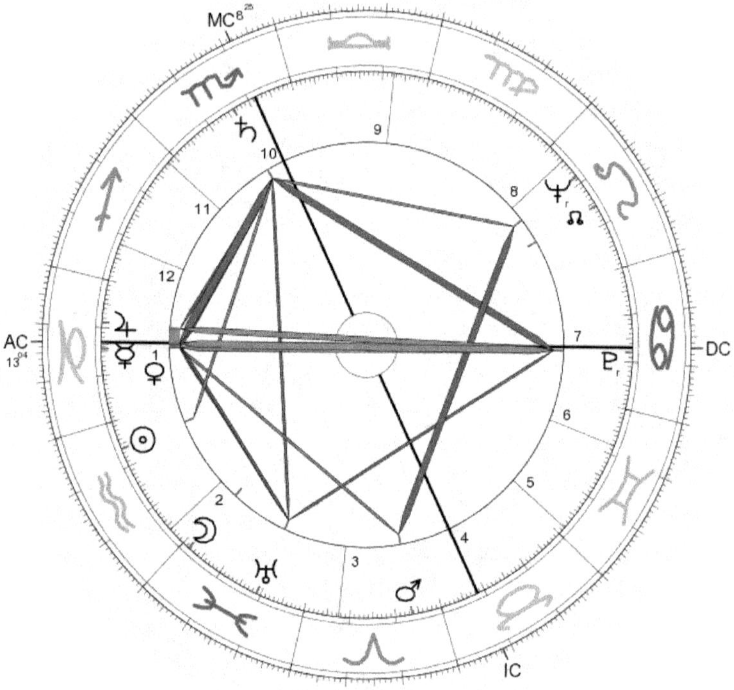

⊙ Sun	♒ 6° 1' 37"	Detr.
☽ Moon	♓ 1° 39' 14"	
☿ Mercury	♑ 13° 18' 41"	
♀ Venus	♑ 14° 24' 25"	
♂ Mars	♈ 23° 38' 7"	Dom.
♃ Jupiter	♑ 8° 51' 51"	Fall
♄ Saturn	♏ 13° 42' 2"	
♅ Uranus	♓ 19° 3' 40"	
♆ Neptune	♌ 21° 37' 33"r	
♇ Pluto	♋ 12° 1' 18"r	
☊ Mean Node	♌ 14° 16' 57"	
⚷ Chiron	♈ 20° 24' 41"	
⚸ Lilith	♋ 4° 33' 52"	

AC: ♑ 13° 4' 16"   2: ♒ 26° 2   3: ♈ 7° 32'
MC: ♏ 8° 25' 6"   11: ♐ 1° 42'   12: ♐ 21° 54'

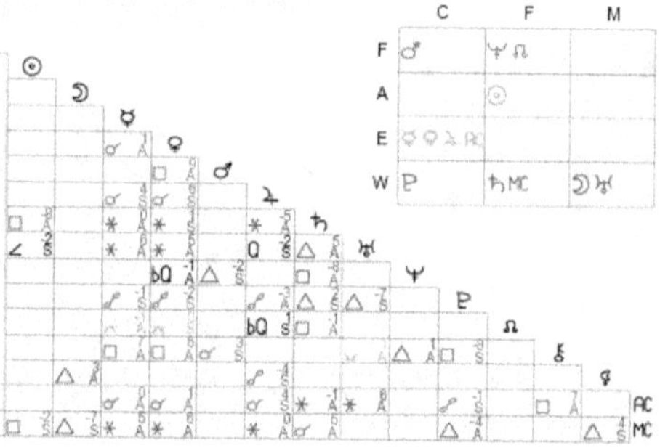

Name: ♂ Rocco Siffredi
born on Mo., 4 May 1964
in Ortona, ITALY
14e24, 42n21

Time: 11:30 a.m.
Univ.Time: 10:30
Sid. Time: 2:16:57

ASTRO DIENST
www.astro.com
Type: 2.ATW 0.0-1 8-Sep-2017

Natal Chart (Method: Astrowiki / Placidus)
Sun sign: Taurus
Ascendant: Leo

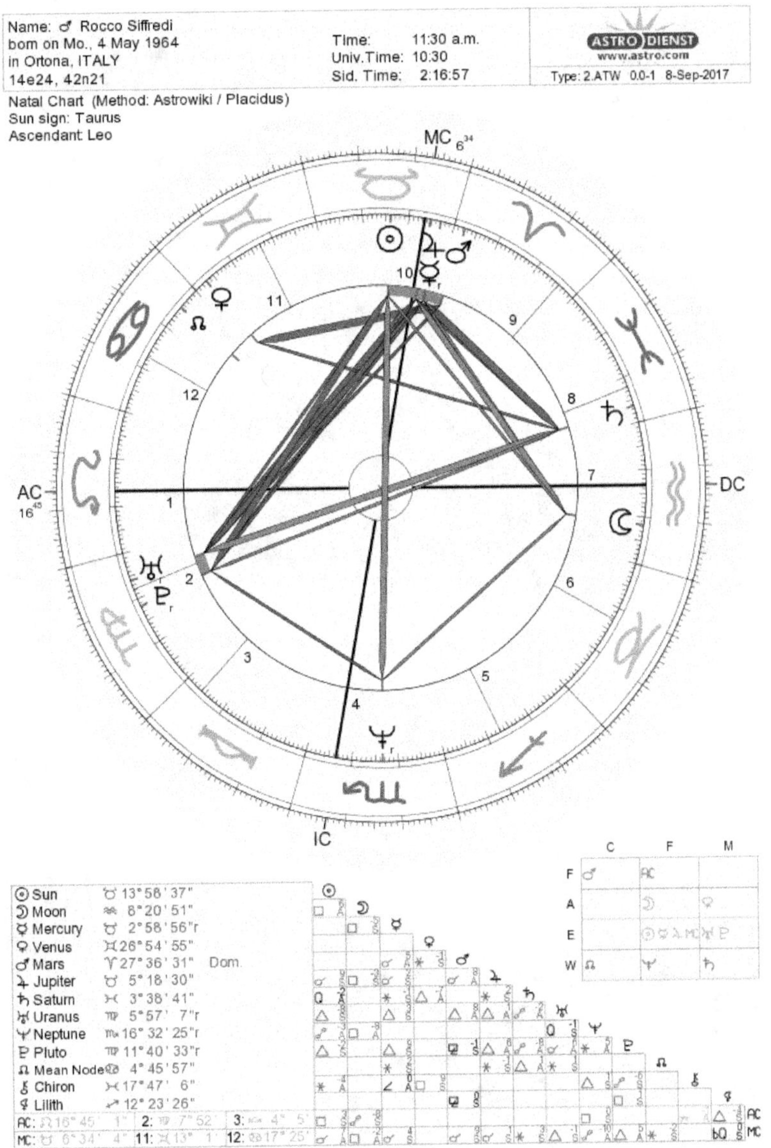

☉ Sun	♉ 13°58'37"	
☽ Moon	♒ 8°20'51"	
☿ Mercury	♉ 2°58'56"r	
♀ Venus	♓ 26°54'55"	
♂ Mars	♈ 27°36'31"	Dom.
♃ Jupiter	♉ 5°18'30"	
♄ Saturn	♓ 3°38'41"	
♅ Uranus	♍ 5°57'7"r	
♆ Neptune	♏ 16°32'25"r	
♇ Pluto	♍ 11°40'33"r	
☊ Mean Node	♋ 4°45'57"	
⚷ Chiron	♓ 17°47'6"	
⚸ Lilith	♐ 12°23'26"	
AC: ♌ 16°45'	1" 2: ♍ 7°52' 3: ♎ 4° 5'	
MC: ♉ 6°34'	4" 11: ♓ 13° 1' 12: ♋ 17°25'	

123

Name: ♂ Rudolph Valentino
born on Mo., 6 May 1895
in Castellaneta, Italy
16e57, 40n37
Natal Chart (Method: Astrowiki / Placidus)
Sun sign: Taurus
Ascendant: Libra
Time: 3:00 p.m.
Univ.Time: 14:00
Sid. Time: 6:04:30
ASTRO DIENST
www.astro.com
Type: 2.ATW 0.0-1 8-Sep-2017
MC
AC
DC
IC
⊙ Sun   ♉ 15° 45' 39"
☽ Moon   ♎ 14° 21' 23"
☿ Mercury   ♉ 17° 37' 15"
♀ Venus   ♓ 22° 20' 3"
♂ Mars   ♋ 8° 38' 57"   Fall
♃ Jupiter   ♋ 4° 12' 56"   Exalt.
♄ Saturn   ♏ 3° 1' 22"r
♅ Uranus   ♏ 18° 1' 8"r   Exalt.
♆ Neptune   ♓ 14° 23' 17"
♇ Pluto   ♓ 10° 39' 44"
☊ Mean Node ♓ 19° 12' 2"
⚷ Chiron   ♎ 3° 10' 37"r
⚸ Lilith   ♒ 25° 2' 19"
AC: ♎ 0° 53' 32"   2: ♏ 27° 1'   3: ♐ 27° 28'
MC: ♋ 1° 1' 49"   11: ♌ 4° 33'   12: ♍ 4° 55'

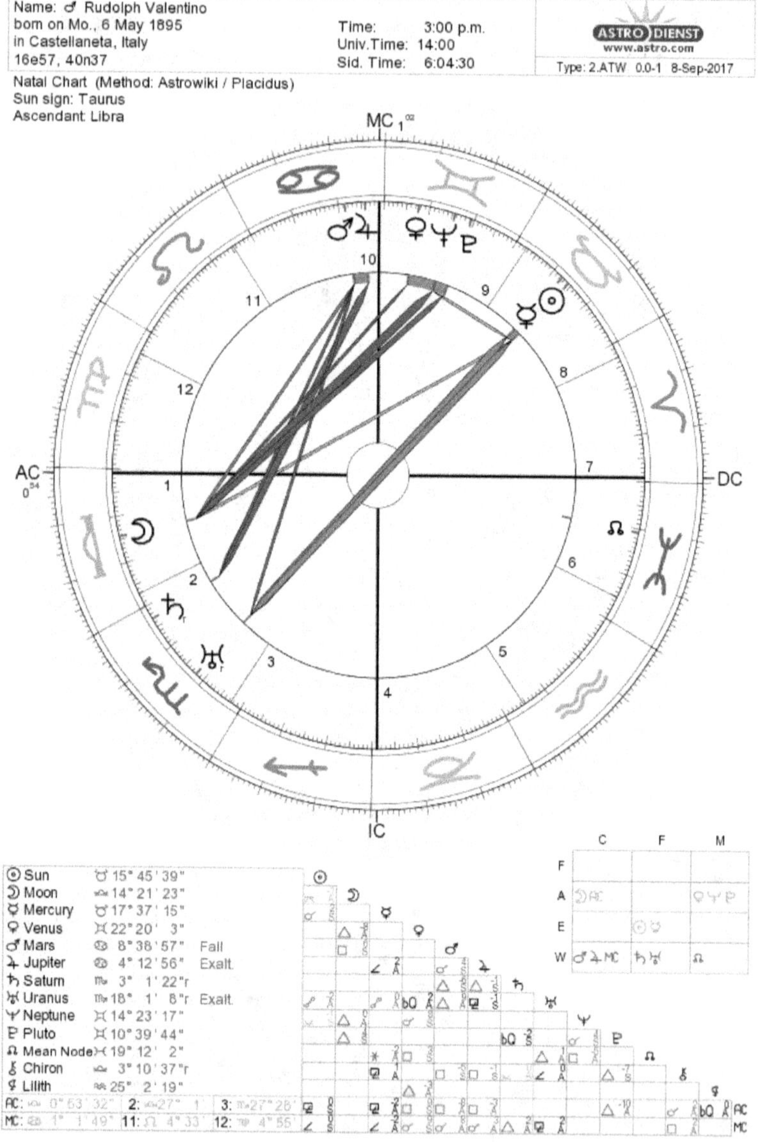

124

Name: ♀ Sigourney Weaver
born on Sa., 8 October 1949
in Manhattan, NY (US)
73w59, 40n46

Time: 6:15 p.m.
Univ.Time: 23:15
Sid. Time: 19:28:04

ASTRO DIENST
www.astro.com
Type: 2 ATW 0.0-1 8-Sep-2017

Natal Chart (Method: Astrowiki / Placidus)
Sun sign: Libra
Ascendant: Taurus

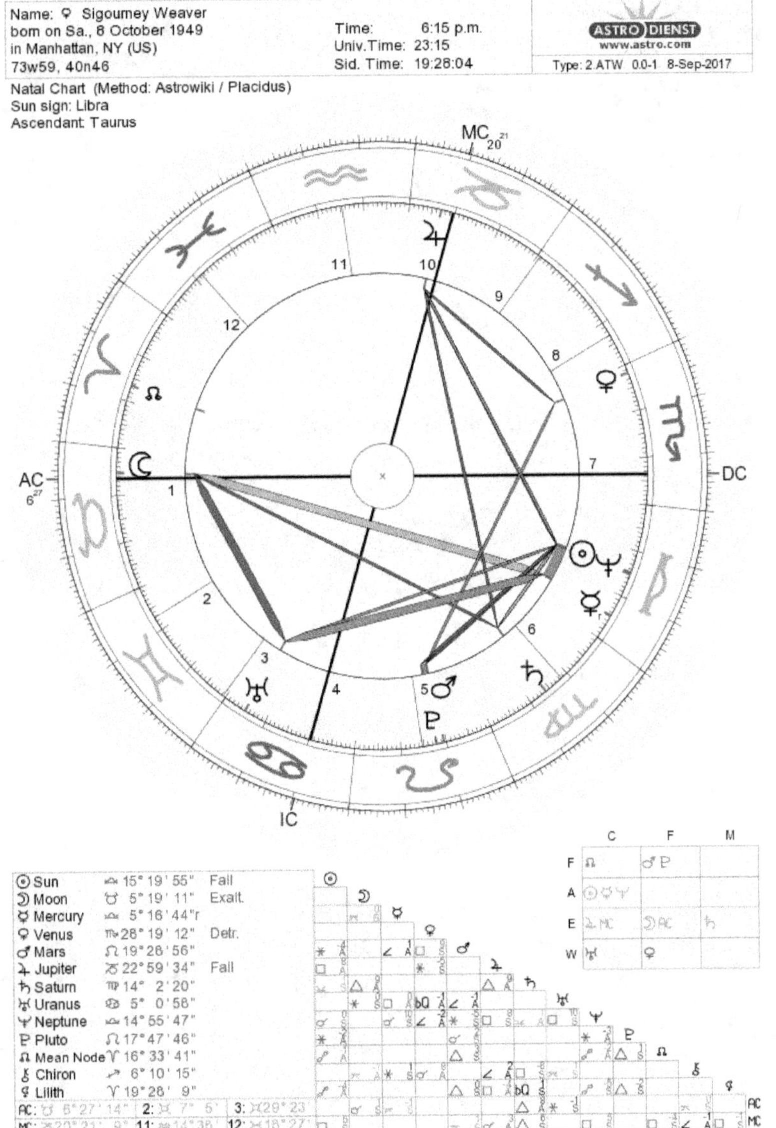

☉ Sun	♎ 15° 19' 55"	Fall	
☽ Moon	♉ 5° 19' 11"	Exalt.	
☿ Mercury	♎ 5° 16' 44"r		
♀ Venus	♏ 28° 19' 12"	Detr.	
♂ Mars	♌ 19° 28' 56"		
♃ Jupiter	♑ 22° 59' 34"	Fall	
♄ Saturn	♍ 14° 2' 20"		
♅ Uranus	♋ 5° 0' 58"		
♆ Neptune	♎ 14° 55' 47"		
♇ Pluto	♌ 17° 47' 46"		
☊ Mean Node	♈ 16° 33' 41"		
⚷ Chiron	♐ 6° 10' 15"		
⚸ Lilith	♈ 19° 28' 9"		

AC: ♉ 6° 27' 14" 2: ♊ 7° 5' 3: ♓ 29° 23'
MC: ♑ 20° 21' 9" 11: ♒ 14° 38' 12: ♓ 18° 27'

Name: ♀ Simona Marchini born on Fr., 19 December 1941 in Rome, Italy 12e29, 41n54	Time: 4:40 p.m. Univ.Time: 14:40 Sid. Time: 21:21:09	ASTRO DIENST www.astro.com Type: 2.ATW 0.0-1 8-Sep-2017

Natal Chart (Method: Astrowiki / Placidus)
Sun sign: Sagittarius
Ascendant: Gemini

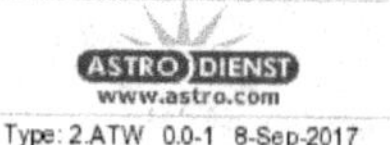

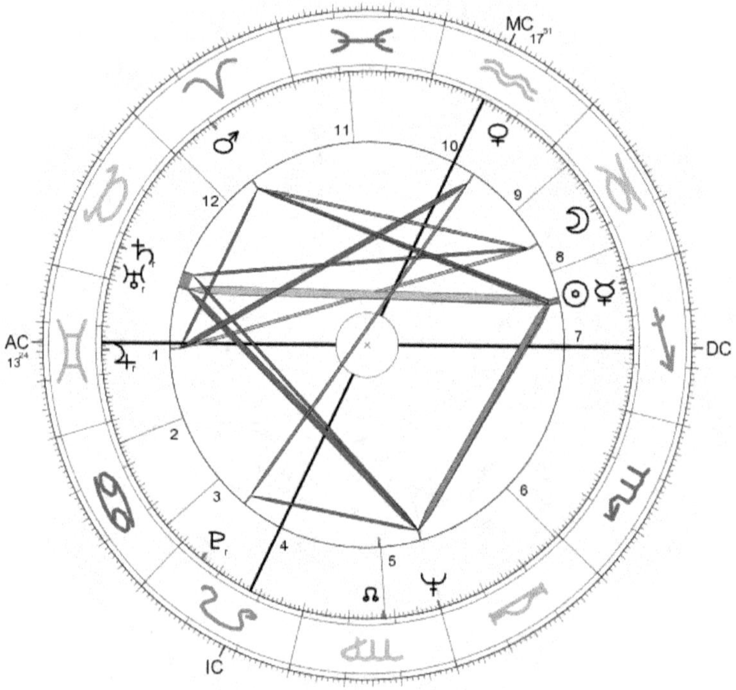

☉ Sun	♐ 27° 19' 22"		
☽ Moon	♑ 13° 56' 25"	Detr.
☿ Mercury	♐ 25° 57' 51"	Detr.
♀ Venus	♒ 11° 12' 35"	
♂ Mars	♈ 19° 38' 0"	Dom.
♃ Jupiter	♊ 14° 55' 10"r	Detr.
♄ Saturn	♉ 22° 42' 48"r	
♅ Uranus	♉ 27° 12' 37"r	Fall
♆ Neptune	♍ 29° 49' 56"	Detr.
♇ Pluto	♌ 5° 24' 7"r	
☊ Mean Node	♍ 17° 29' 57"	
⚷ Chiron	♌ 14° 8' 35"r	
⚸ Lilith	♊ 1° 52' 51"	
AC: ♊ 13° 24' 19"	2: ♋ 5° 2'	3: ♋ 25° 8'
MC: ♒ 17° 50' 34"	11: ♓ 17° 52'	12: ♈ 29° 8'

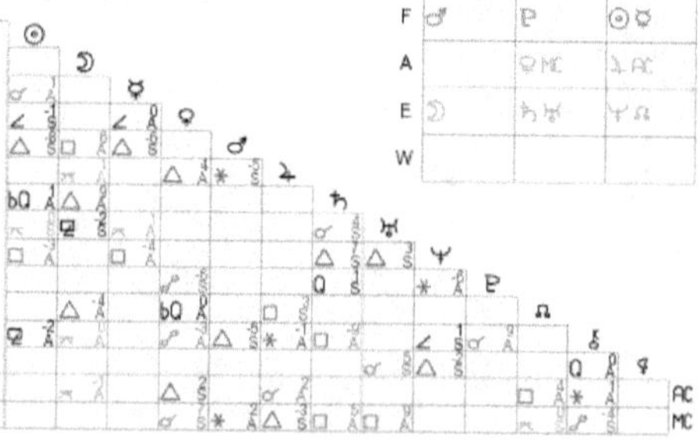

	C	F	M
F	♂	♇	☉ ☿
A		♀ MC	♃ AC
E	☽	♄ ♅	♆ ☊
W			

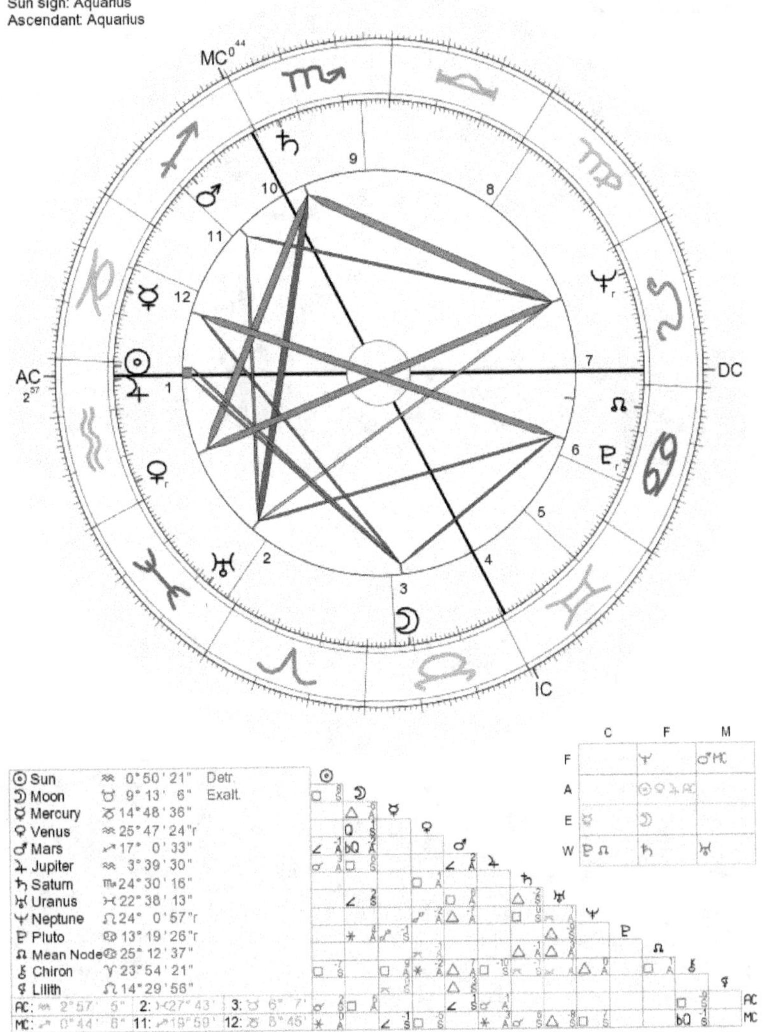

Name: ♂ Steve Reeves
born on Th., 21 January 1926
in Glasgow, MT (US)
106w38, 48n12
Time: 8:00 a.m.
Univ.Time: 15:00
Sid. Time: 15:54:20
ASTRO DIENST
www.astro.com
Type: 2.ATW 0.0-1 8-Sep-2017
Natal Chart (Method: Astrowiki / Placidus)
Sun sign: Aquarius
Ascendant: Aquarius

⊙ Sun   ♒ 0°50'21"   Detr.
☽ Moon   ♉ 9°13' 6"   Exalt.
☿ Mercury   ♑ 14°48'36"
♀ Venus   ♒ 25°47'24"r
♂ Mars   ♐ 17° 0'33"
♃ Jupiter   ♒ 3°39'30"
♄ Saturn   ♏ 24°30'16"
♅ Uranus   ♓ 22°38'13"
♆ Neptune   ♌ 24° 0'57"r
♇ Pluto   ♋ 13°19'26"r
☊ Mean Node ♋ 25°12'37"
⚷ Chiron   ♈ 23°54'21"
⚸ Lilith   ♌ 14°29'56"
AC: ♒ 2°57' 5"   2: ♓ 27°43'   3: ♉ 6° 7'
MC: ♐ 0°44' 8"   11: ♐ 19°59' 12: ♑ 8°45'

Name: ♂ Sylvester Stallone
born on Sa., 6 July 1946
in New York, NY (US)
74w00, 40n43

Time: 7:20 p.m.
Univ.Time: 23:20
Sid. Time: 13:21:19

Natal Chart (Method: Astrowiki / Placidus)
Sun sign: Cancer
Ascendant: Sagittarius

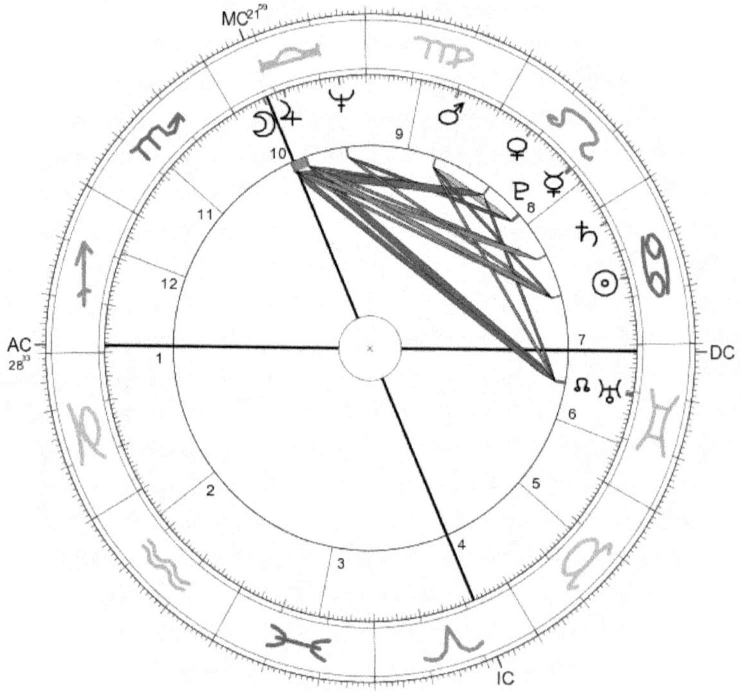

⊙ Sun	♋ 14° 15' 5"	
☽ Moon	♎ 22° 45' 58"	
☿ Mercury	♌ 10° 16' 26"	
♀ Venus	♌ 22° 4' 19"	
♂ Mars	♍ 9° 35' 54"	
♃ Jupiter	♎ 18° 10' 32"	
♄ Saturn	♋ 26° 34' 4"	Detr.
♅ Uranus	♊ 19° 10' 39"	
♆ Neptune	♎ 5° 56' 35"	
♇ Pluto	♌ 10° 35' 22"	
☊ Mean Node	♊ 19° 34' 24"	
⚷ Chiron	♎ 15° 26' 38"	
⚸ Lilith	♐ 6° 57' 26"	

AC: ♐ 28° 33' 5"   2: ♒ 6° 43'   3: ♓ 18° 0'
MC: ♎ 21° 59' 27"   11: ♏ 17° 40'   12: ♐ 6° 40'

128

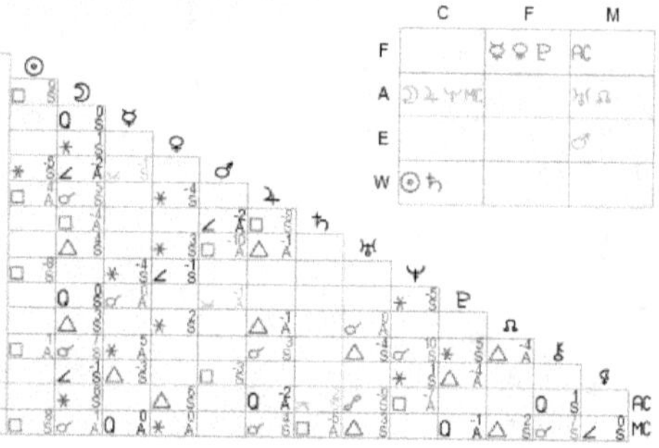

Name: ♂ Vittorio Gassman
born on Fr., 1 September 1922
in Genoa, Italy
8e57, 44n25

Time: 3:00 p.m.
Univ. Time: 14:00
Sid. Time: 13:15:35

Type: 2.ATW 0.0-1 8-Sep-2017

Natal Chart (Method: Astrowiki / Placidus)
Sun sign: Virgo
Ascendant: Sagittarius

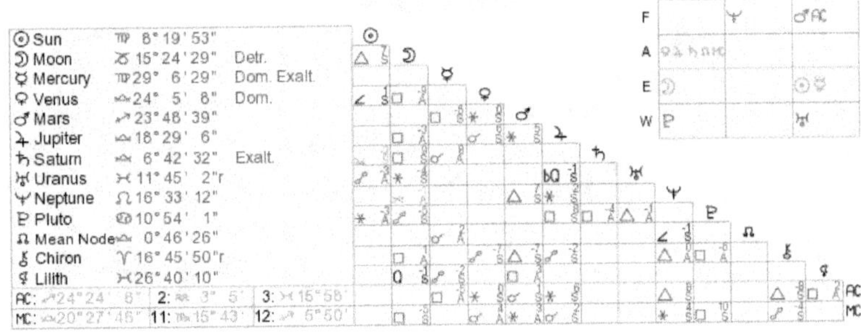

☉ Sun	♏ 8° 19' 53"	
☽ Moon	♑ 15° 24' 29"	Detr.
☿ Mercury	♏ 29° 6' 29"	Dom. Exalt.
♀ Venus	♎ 24° 5' 8"	Dom.
♂ Mars	♐ 23° 48' 39"	
♃ Jupiter	♎ 18° 29' 6"	
♄ Saturn	♎ 6° 42' 32"	Exalt.
♅ Uranus	♓ 11° 45' 2"r	
♆ Neptune	♌ 16° 33' 12"	
♇ Pluto	♋ 10° 54' 1"	
☊ Mean Node	♏ 0° 46' 26"	
⚷ Chiron	♈ 16° 45' 50"r	
⚸ Lilith	♓ 26° 40' 10"	
AC: ♐ 24° 24' 8"	2: ♒ 3° 5'	3: ♓ 15° 58'
MC: ♎ 20° 27' 46"	11: ♏ 15° 43'	12: ♐ 5° 50'

129

Name: ♀ Winona Ryder
born on Fr., 29 October 1971
in Rochester, MN (US)
92w28, 44n01

Time: 11:00 a.m.
Univ.Time: 16:00
Sid. Time: 12:19:27

Type: 2.ATW 0.0-1 8-Sep-2017

Natal Chart (Method: Astrowiki / Placidus)
Sun sign: Scorpio
Ascendant: Sagittarius

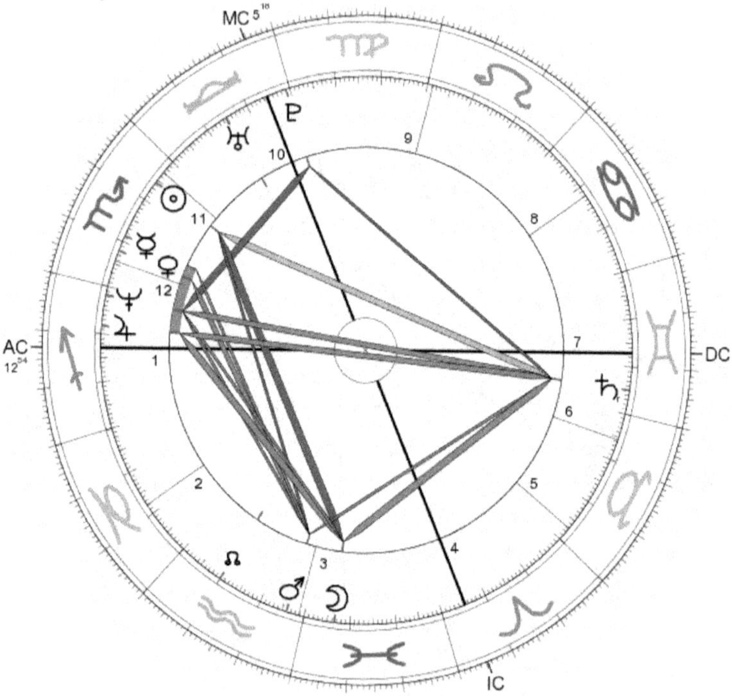

⊙ Sun	♏ 5° 34' 28"	
☽ Moon	♓ 6° 32' 58"	
☿ Mercury	♏ 18° 42' 3"	
♀ Venus	♏ 22° 5' 0"	Detr.
♂ Mars	♒ 26° 0' 51"	
♃ Jupiter	♐ 8° 19' 51"	Dom.
♄ Saturn	♊ 5° 6' 48"r	
♅ Uranus	♎ 15° 18' 30"	
♆ Neptune	♐ 1° 48' 39"	
♇ Pluto	♎ 0° 51' 30"	
☊ Mean Node	♒ 9° 59' 11"	
⚷ Chiron	♈ 10° 31' 31"r	
⚸ Lilith	♎ 16° 50' 14"	

AC: ♐ 12° 53' 39" 2: ♑ 17° 51' 3: ♒ 28° 49'
MC: ♍ 6° 17' 58" 11: ♏ 2° 57' 12: ♏ 24° 23'

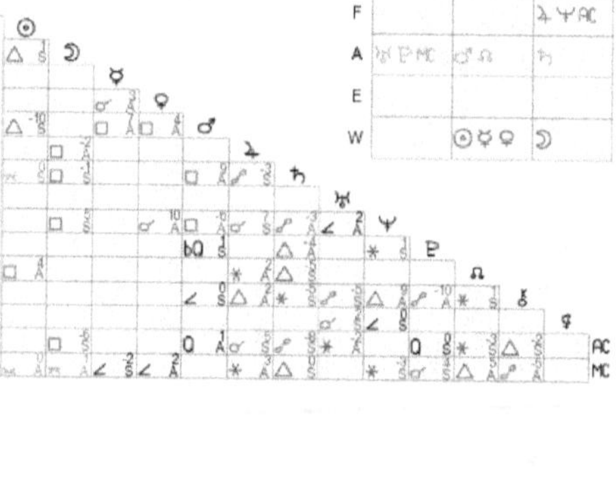

Simona Marchini

L'OPPOSIZIONE GIOVE-URANO

Quando tracciai il tema natale di un mio congiunto, agli albori della mia attrazione verso l'astrologia risalente ai primi anni '70 del secolo scorso, subito colpì la mia attenzione l'aspetto di opposizione tra Giove incollato al Medio Cielo, e Urano unito al Fondo Cielo. Conoscevo già l'importanza di un qualsiasi aspetto angolare (le statistiche Gauquelin erano già note e commentate dagli studiosi francesi), ma l'opposizione tra questi due pianeti mi lasciava interdetto. Che cosa pensarne?

Consultai i manuali, come fanno tutti i principianti. La totalità dei testi, con le eccezioni rappresentate da *Introduzione all'astrologia* di Lisa Morpurgo, e parzialmente da Sementovsky, non distingueva le quadrature dalle opposizioni nell'ambito degli aspetti "disarmonici o dissonanti". Lo stesso André Barbault, che sarebbe poi diventato il mio punto di riferimento, nel suo *Trattato pratico*, senza distinguere la quadratura dall'opposizione, scriveva seccamente: "Ipertrofia, ipertensione, smisuratezza, eccessi, avventura (Napoleone I)". Sementovsky: "Essere amorale. Dispregio cinico delle opinioni altrui. Spregiudicatezza nel parlare e nel fare. Urti e conflitti con la giustizia..."Un astrologo tradizionalista come Angelo Brunini si lanciava in preoccupanti interpretazioni, tanto riferite alla salute del soggetto ("disfunzioni tiroidali, gravi disturbi circolatori-epatici, malattia di cuore, infarti, intossicazioni") quanto riferite al destino, costellato di vertenze legali, insuccessi politici, processi, perdite di denaro, ecc. Più cauto e tuttavia scarsamente significativo si dimostrava il commento del grande astrologo inglese Charles E. O. Carter nel suo *The astrological aspects*, che sottolineava alcuni tratti caratteriali del soggetto quali: "indipendenza, linguaggio schietto e ruvido, volitività, scontentezza, irrequietudine, talvolta esagerata autostima ed egoismo."

È un insieme di commenti alquanto scoraggianti, talvolta addirittura preoccupanti. Occorreva aspettare il *Corso di astrologia* del barone dr. Herbert von Klöckler (cfr. edizione italiana del 1979) per intravedere un cambiamento di atteggiamento. È utile riportare integralmente il commento di von Klöckler in merito agli aspetti Giove-Urano.

«Gli angoli favorevoli in posizione forte denotano spiccata sensibilità per il nuovo e per il futuro, che nei soggetti evoluti si estrinseca sotto forma di talento speculativo. In ogni caso si ha marcata intuizione, che influenza la costruttività. Nelle posizioni deboli dei pianeti si manifesta un analogo atteggiamento più inconscio che conscio, che può dar luogo a successi di varia portata in questo o quel carattere della vita. *Gli angoli disarmonici inducono tendenze uguali a quelle prodotte dagli angoli armonici*, però favoriscono errori di valutazione, speculazioni sbagliate e insuccessi di vario genere a seconda dei campi occupati da Giove e Urano.»

Non escludo che l'interpretazione di cui sopra possa in qualche modo corrispondere a una proiezione di questo ricercatore, poiché il suo tema natale evidenzia un trigono Giove-Urano, con Giove collocato a pochi gradi di distanza dall'Ascendente.

Un decisivo passo verso una più profonda comprensione di questo aspetto astrologico ci viene data da alcune riflessioni di André Barbault. Detto Autore la prende alla lontana, e parte dall'analisi della struttura del nostro sistema solare, inizialmente proposta nel suo *Trattato* (prima trad. it. 1967) e ulteriormente sviluppata nel suo successivo *Uranus Neptune Pluton* (2002). Egli inizia col ricordare le antiche coppie planetarie consegnateci dalla Tradizione: Sole e Luna, Venere e Marte, Giove e Saturno. Se è vero che il Sole sta alla Luna come il giorno sta alla notte, da qui è possibile procedere a una rappresentazione dei pianeti del sistema solare collocandoli in uno schema costituito da una croce, i cui assi sono formati dalla linea dell'orizzonte e del meridiano. A questo punto è utile lasciare parlare direttamente Barbault.

«Al Sole spetta di regnare sull'insieme della parte superiore diurna, e alla Luna di coprire la parte inferiore notturna. Mercurio occupa la posizione centrale, neutra, nel ruolo di collegamento a tutto l'insieme. Partendo da questo, viene naturale posizionare l'allineamento di Marte-Venere sull'orizzonte, nel rapporto di levata con i suoi valori di erezione, di conquista, di tensione; e di tramonto con quelli di ricettività, distensione, acquietamento. Come va da sé l'allineamento al meridiano di Giove-Saturno nel quadro delle tonalità di un mezzogiorno estrovertito per il primo e di una mezzanotte introvertita per il secondo. Del resto, il primo sta il frutto come l'altro sta alle radici. D'altronde, Tolomeo colloca Saturno al Fondo Cielo. Da notare l'interdipendenza dei quattro elementi con l'Arie e il Fuoco che stanno in alto e la Terra e l'Acqua in basso. ... Collochiamo ora in questa croce del ciclo diurno i nuovi pianeti. Non esitiamo a porre, nella loro qualità di ottave superiori, la dialettica di Giove-Saturno e di Urano-Nettuno. Giove e Urano s'impongono nel polo solare del mezzogiorno, come Saturno e Nettuno nel polo lunare della mezzanotte. Il tutto si presenta in un ordinamento generale di ripartizione degli elementi. In effetti si noterà che alla sinistra della croce vengono ripartiti i pianeti prevalentemente secchi (tensione, durezza), a destra quelli umidi (distensione); sopra dimorano i pianeti caldi (esteriorizzazione) e sotto si trovano pianeti freddi (interiorizzazione). Saturno e Nettuno in basso stanno all'interiorità, alla profondità, alla base, come Giove e Urano stanno all'esteriorità, allo slancio, alla sommità.»

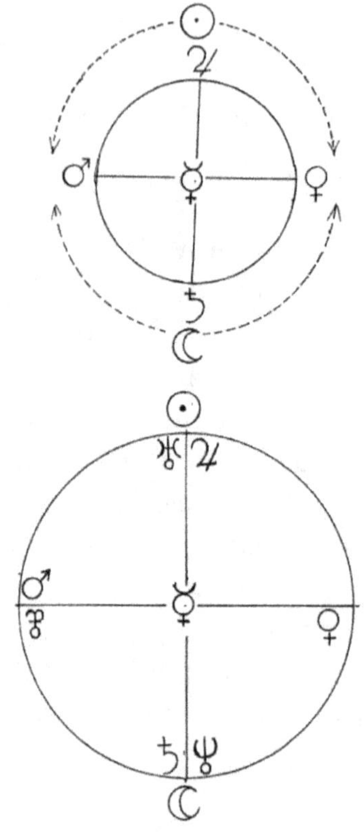

Seguendo questo ragionamento, saltano quindi subito all'occhio le affinità che legano Giove e Urano. Così prosegue il Maestro francese: "Il Caldo nella pienezza del mezzogiorno costituisce la trama del rapporto Giove-Urano, fatto di espansionismo; convinzione, sicurezza, esuberanza, entusiasmo, imperiosa spinta interiore, autorità, ambizione, volontà di potenza, inflazione dell'*Io*, gigantismo dei gusti, delirio di grandezza, bisogno di elevarsi a una sommità. Il *superuomo* di Nietzsche. Una tale dilatazione è massima nell'opposizione, dove questi due pianeti sono tesi nella distanza angolare al culmine del ciclo, il colmo dello slancio."

Eccoci arrivati al dunque; dopo parecchi decenni risulta confermata con impeccabile ragionamento l'intuizione a suo tempo proposta dal grande von Klöckler (risalente, lo ricordiamo, agli anni '20/'30 del Novecento e pervenutaci in traduzione italiana solo nel 1979).

Si comprende facilmente che la massima efficacia di questo aspetto è riscontrabile quando è angolare, *soprattutto quando interessa il meridiano*.

Qualsiasi intuizione, anche quando corroborata da ineccepibili ragionamenti (ottimale alleanza delle funzioni junghiane *intuizione* e *sentimento*) deve trovare conferma nella realtà, osservata con occhio critico e disincantato. Non va inoltre mai dimenticato che ogni aspetto planetario deve sempre essere valutato e inquadrato nell'insieme del tema natale di riferimento. Vediamo ora una serie di personaggi pubblici segnati dall'aspetto di opposizione Giove-Urano. I dati di nominativi stranieri sono tratti dall'archivio Rodden, quelli italiani dall'archivio Bordoni.

Il primo gruppo è composto da soggetti maschili e femminili il cui tema natale espone Giove al Medio Cielo (e, ovviamente, Urano al Fondo Cielo).

Akihito, imperatore del Giappone (Tokyo, 23 dicembre 1933 alle 6:39. Notizia di stampa.). Pur essendo costretto nella rigidissima gabbia di ferro di un millenario ruolo istituzionale, l'imperatore non ha mancato di stupire il suo paese con comportamenti e dichiarazioni trasgressive dell'etichetta. L'ultimo colpo di scena è stato quando ha manifestato il desiderio di essere lasciato libero di abdicare, la qual cosa non era consentita fino alla recentissima approvazione, nel giugno 2017, di apposita legge da parte del parlamento giapponese. L'imperatore si è finalmente "liberato" in concomitanza del recente passaggio di Giove in Bilancia sul Medio Cielo radix, contestualmente stimolando l'opposizione Giove-Urano radicale.

Giorgio V, re d'Inghilterra (Londra, 3 giugno 1865 alle 1:18. Anagrafe.). Il suo regno attraversò un periodo di cambiamenti epocali sotto tutti i profili: sociali, politici, economici. Basti pensare allo scoppio della terribile I Guerra mondiale – che segnò l'inizio del declino dell'Impero britannico – la costituzione del Commonwealth in sostituzione dei vecchi statuti coloniali riguardanti Australia, Nuova Zelanda e Sudafrica; la grande crisi economica del 1929. Salì al trono a seguito della morte prematura del suo fratello maggiore il quale lo precedeva in linea di successione. Assistette alla nascita del socialismo, comunismo, fascismo, indipendentismo irlandese e indiano. Era portato alla navigazione marinara e finì per diventare un accanito collezionista di francobolli. Tabagista, soffriva di bronchite cronica e malattie respiratore; secondo una recente biografia ben documentata che ha fatto scalpore, la sua fine fu accelerata per mezzo di iniezioni di morfina e cocaina, una vera e propria eutanasia.

Nicola I di Russia (Tsarkoe Selo, 6 luglio 1796 alle 3:45. Notizia di stampa.). Sale al trono a seguito del decesso di un fratello maggiore e della rinuncia dell'altro. Secondo un biografo, "Nicola I divenne la personificazione stessa dell'autocrazia: infinitamente maestoso, determinato e possente, duro come una roccia, implacabile come il fato."

Miuccia Prada (Milano, 10 maggio 1948 alle 4:30. Anagrafe.). "fattura 4 miliardi di euro, è forse il marchio di moda più ammirato del mondo e ha prodotto una Fondazione a Milano che in una manciata di mesi ha reso demodé le istituzioni museali più all'avanguardia di New York, Londra e Parigi." (Simone Marchetti, D - Repubblica, 5/12/2015). Nel caso di Prada, anche Venere partecipa all'opposizione Giove-Urano e, come avviene spesso, Nettuno angolare fa sentire la sua voce.

Tania Zamparo (Roma, 16 agosto 1975 alle 5:00. Anagrafe.). Una laurea in lettere moderne, poi Miss Italia 2000 e una carriera di attrice, conduttrice di programmi televisivi e giornalista. Sposata con il banchiere italo svizzero Gianluigi Pacini Battaglia da cui ha avuto due figli.

Luigi Beltrame Quattrocchi (Catania 12 gennaio 1880 alle 15:15. Anagrafe.). Una vita cristiana esemplare insieme alla moglie; beatificati insieme nel 2001. L'opposizione Giove-Urano, pressoché perfetta, scorre lungo l'asse Pesci-Vergine.

Francesco Prudentino (Ostuni, 1 giugno 1948 alle 2:00. Anagrafe.). "Francesco Prudentino era uno dei contrabbandieri più ricchi della Puglia, viveva come una pascià a Budva, nel Montenegro. Prima di diventare il «re delle bionde» e avere al suo servizio il capo della polizia di Bar, gestiva una pescheria a Ostuni dove infilava nelle buste di plastica orate e saraghi." (Attilio Bolzoni, *Repubblica*, 5/7/2015). Figurava nell' "elenco dei latitanti di massima pericolosità", arrestato nel 2000 a Salonicco.

Il secondo gruppo è composto da soggetti maschili e femminili il cui tema natale espone Urano al Medio Cielo (e, ovviamente, Giove al Fondo Cielo).

John Carpenter (Carthage, New York, 16 gennaio 1948 alle 21:50. Anagrafe.). Regista, sceneggiatore, produttore cinematografico e compositore. Alcuni suoi film dell'orrore e di fantascienza hanno fatto scuola e avuto un grande successo.

Aldo Ceccato (Milano, 18 febbraio 1934 alle 15:30. Anagrafe.). Direttore d'orchestra molto apprezzato.

Jean Sibelius (Hämeenlinna, 8 dicembre 1865 alle 00:30. Biografia). Compositore e violinista, "nella sua personalità si fondono elementi romantico-tedeschi con modi proprî del canto popolare finlandese. Con lo spirito popolare, Sibelius ha anche assorbito l'essenza della leggenda finnica, riesprimendola soprattutto con l'evocazione dell'ambiente naturale che ne costituisce il suggestivo scenario nordico." (Treccani.it)

Èdith Cresson (Boulogne Billancourt, 27 gennaio 1934 alle 17:10. Anagrafe.). La prima donna a esercitare le funzioni di Primo ministro in Francia. Una carriera politica di tutto rispetto che si conclude però con scandalo nella Commissione europea, e relativa condanna con sentenza della Corte di Giustizia dell'Unione Europea.

Leonid Il'ič Brežnev (Kamians'ke, Ucraina, 19 dicembre 1906 alle 12:36. Ora non confermata.). "Fu segretario generale del Partito Comunista dell'Unione Sovietica dal 1964 al 1982, e due volte a capo del Presidium del Soviet supremo (capo dello stato), dal 1960 al 1964 e dal 1977 al 1982. Sotto il suo governo si acuirono le tensioni tra occidente e mondo comunista, come nel caso della Primavera di Praga e dell'invasione dell'Afghanistan." (*Wikipedia* italiano). "Brežnev indulse nel nepotismo e tollerò la corruzione. Invecchiò insieme ai suoi colleghi, costituendo una vera e propria gerontocrazia." (Roger Bartlett, *Storia della Russia*, Mondadori, Milano, 2014).

Nicolas Léonard Sadi Carnot (Parigi, 1 giugno 1796 alle 18:00. Anagrafe.). Fisico, ingegnere e matematico. "Sono d'importanza fondamentale i suoi studî sopra il cosiddetto ciclo di Carnot, grazie ai quali egli si può considerare uno dei fondatori della termodinamica." (Treccani, ed. 1933. Voce a cura di Enrico Fermi e Tommaso Collodi).

Carlo VI, re di Francia (Parigi, 3 dicembre 1368 alle 3:00. Biografia.). L'opposizione Giove-Urano s'inserisce in un tema natale complesso e nell'insieme dissonante, in cui entrano in gioco molteplici fattori che contribuiscono a far prevalere ora l'una e ora l'altra componente. "Questo re evidenzia subito una smisurata frenesia di vita: balli, giostre, cavalcate per tutto il regno, una serie di feste sontuose, fastosi tornei, festini e avventure galanti. Poi, febbrili esplosioni di gioia di un'anima insaziabile, improvvisamente spezzata dalla pazzia." (André Barbault, *Astres Royaux*)

Il terzo gruppo è composto da soggetti maschili e femminili il cui tema natale espone Giove all'Ascendente (e, ovviamente, Urano al Discendente).

Caryl Chessman (Saint Joseph, Michigan, 27 maggio 1921 alle 12:10. Anagrafe.). Il "bandito dalla luce rossa". Una storia di reati vari: furti, sequestri di persona, violenze sessuali. Condannato a morte, diventa scrittore di successo per i suoi quattro libri usciti nell'attesa di essere giustiziato, e riesce comunque a ottenere per otto volte il rinvio dell'esecuzione. Trascorse complessivamente 11 anni e 10 mesi nel braccio della morte. La sua storia suscitò enorme scalpore, e molte voci anche di personaggi importanti si levarono in suo favore. La pena fu eseguita il 2 maggio 1960 nella camera a gas della prigione di San Quentin, California.

Sophie Moressee-Pichot (Sissonne, 3 aprile 1962 alle 5:15. Anagrafe.). Atleta, più volte premiata per pentatlon e scherma. Medaglia d'oro per la spada di squadra ai giochi olimpici del 1996.

Napoleone Bonaparte (Ajaccio, 15 agosto 1769 alle 11:30. Ricordo della madre.). Su Napoleone si può leggere una corposa monografia pubblicata nel n. 130 (II trimestre 2000) de *l'astrologue*. Fece parte di quella prodigiosa generazione di uomini nati sotto il grandioso trigono Urano-Nettuno-Plutone verificatosi nei segni di Terra. Non è questa la sede per entrare nei dettagli di questo eccezionale tema natale dall'architettura monumentale e spettacolare, in cui concorrono numerosi fattori che mai più potranno ripetersi. Limitandoci a osservare l'opposizione angolare Giove-Urano leggiamo queste righe di André Barbault: «Si decodifica così la presenza all'orizzonte di questa configurazione in Napoleone I, mosso da un'irresistibile spinta a dilatare il proprio essere, fino a quando la tirannia del suo imperialismo interiore gli si rivolta contro. È l'ipertrofia di un dinamismo che arriva fino a esplodere. Egli stesso ha riconosciuto il suo demone, quando afferma "Le grandi potenze muoiono d'indigestione."» (André Barbault, *Uranus Neptune Pluton*).

Il quarto gruppo è composto da soggetti il cui tema natale espone Urano all'Ascendente (e, ovviamente, Giove al Discendente).

Carlo II, re d'Inghilterra (Londra, 8 giugno 1630 alle 11:25. Biografie.). Fu chiamato l'«allegro monarca» per via delle feste e delle sue numerose amanti. "Era il re playboy, un simpatico birbante, l'eroe di chi ammirava le belle maniere, la tolleranza, il buonumore e la ricerca del piacere anziché virtù come l'onestà, la sobrietà e la sicurezza materiale." *Wikipedia* inglese). Un regnante decisamente fuori dalle righe e dagli schemi, incarnò la reazione all'epopea puritana del terribile Oliver Cromwell.

Fabio Mussi (Piombino, 22 gennaio 1948 alle 14:30. Anagrafe.). Politico di area di sinistra, protagonista di numerose transumanze di partito. Tra le cinque opposizioni di questa genitura spicca quella angolare tra Giove e Urano, quasi a sottolineare i successivi smarcamenti concretatisi nell'esodo da una formazione all'altra, segnale di un'irrequietudine che si ammanta della ricerca di una purezza ideologica impossibile anche solo da immaginare ai tempi nostri.

Claudio Risi (Berna, 12 novembre 1948 alle 19:15. Anagrafe.). Regista cinematografico e televisivo, figlio d'arte (Dino Risi).

In chiusura, desidero ancora una volta sottolineare quanto sia importante inquadrare l'aspetto (in realtà qualsiasi aspetto astrologico) nell'ambito del tema natale di riferimento, tenendo altresì conto di fattori extra astrologici come l'ambiente e l'ereditarietà. Sottopongo pertanto l'esempio di Luigi Beltrame Quattrocchi (vedi sopra) e di Carmen Ferigo (Milano, 15 novembre 1962 alle 19:15. Anagrafe.). Il loro tema presenta in entrambi l'opposizione Giove-Urano angolare al meridiano lungo l'asse Pesci-Vergine, ma il primo è stato dichiarato santo e la seconda colpevole di avere soffocato e ucciso la figlioletta di 17 mesi.

LA LEPRE E LA TARTARUGA. L'INTELLIGENZA, LA CONGIUNZIONE MERCURIO-URANO E MERCURIO-SATURNO

Scrivendo il presente testo ho cercato di avanzare un contributo alla puntualizzazione del concetto di intelligenza, soprattutto se questa sia in qualche modo riscontrabile (o addirittura misurabile) con l'aiuto del simbolismo astrologico.

Per prima cosa ho voluto verificare se fossero stati pubblicati studi in lingua italiana, pertanto ho compulsato i primi 130 numeri della rivista trimestrale *Linguaggio Astrale*, ossia dal numero 1 (dicembre 1970) al numero 170 (primavera 2013) per un totale di 26.938 pagine. Esse costituiscono 43 anni della vita di questo periodico. La parola "intelligenza" figurava moltissime volte, tuttavia priva di qualsiasi definizione del concetto. Fa eccezione un breve articolo a firma di Maria Liuzzo Calì, apparso sul n. 85 della rivista (inverno 1991) intitolato *Analogie fra i sette tipi di intelligenza e aspetti astrologici*, che si occupa specificamente dell'argomento[42]. Consta di tre pagine (dunque sta in un rapporto infinitesimale rispetto al totale) e si ricollega alle intelligenze multiple individuate dallo psicologo americano Howard Gardner.

---

[42] Ovviamente in più di un articolo ho riscontrato il classico abbinamento tra intelligenza e il pianeta Mercurio. Si veda tra tutti *Le diverse luci di Mercurio* di Daniela Di Menna in Linguaggio Astrale n. 170 (primavera 2013).

Esse sono, sempre secondo Gardner:
1) l'intelligenza linguistica
2) l'intelligenza logico-matematica
3) l'intelligenza spaziale
4) l'intelligenza sociale
5) l'intelligenza introspettiva
6) l'intelligenza corporeo cinestetica
7) l'intelligenza musicale.

Solo le prime due possono essere rilevate con appositi test.

Liuzzo Calì produce quattro concisi esempi riferiti al primo tipo d'intelligenza, due al secondo, due al terzo, due al quarto, tre al quinto, due al sesto e quattro al settimo, per un totale di 19 casi.

Certamente, la classificazione proposta da Gardner (di cui tuttavia solo l'intelligenza linguistica e l'intelligenza logico-matematica sono rilevabili e misurabili con test specialistici, è bene sottolinearlo) facilita non poco il lavoro dell'astrologo che voglia misurarsi nell'abbinare un simbolo astrologico a ciascun tipo.

Occorre però tenere presente che il terreno è alquanto scivoloso, e dipende molto dalla specificazione attribuita a ciascun tipo d'intelligenza e, in definitiva, all'intelligenza stessa. L'enciclopedia Treccani la definisce così:

«Complesso di facoltà psichiche e mentali che consentono di pensare, comprendere o spiegare i fatti o le azioni, elaborare modelli astratti della realtà, intendere e farsi intendere dagli altri, giudicare, e adattarsi all'ambiente. La psicologia indica nell'intelligenza, nei comportamenti intelligenti o nelle attività intellettuali, modalità di condotta presenti, a livelli diversi e con diverse manifestazioni qualitative, nel bambino e nell'uomo adulto. I pionieri della psicologia scientifica, tra cui A. Binet ed É. Claparède, avevano individuato le condizioni della condotta intelligente indicandole nella comprensione, direzione, invenzione e critica. Alla base del comportamento intelligente si venne così a riconoscere una capacità di adattamento a situazioni nuove e la possibilità di modificarle quando queste presentano degli ostacoli all'adattamento stesso. Restano classiche in questo senso le esperienze sugli aggiramenti dell'ostacolo e sui comportamenti intelligenti a soluzione immediata (*Einsicht*) condotte da W. Köhler secondo l'indirizzo gestaltistico.»

Il grande astrologo britannico Charles E. O. Carter nel suo *An encyclopaedia of psychological astrology* sotto la voce *Intelligenza* scrisse (la traduzione dall'inglese è mia):

«Tutta la problematica delle doti mentali è difficile e, mi azzardo a suggerire, richiede un'attenta investigazione alla luce delle moderne conoscenze astrologiche. Fino a poco tempo fa la si considerava risolta dall'affermazione che Mercurio governa l'intelletto e la Luna la mente animale o istintiva, mentre l'Ascendente è stato recentemente identificato nel cervello. Antichi autori ci hanno inoltre consegnato un numero di aforismi che riguardano la mentalità, in seguito copiati da scrittori posteriori. Tuttavia, gli aforismi, per quanto interessanti e preziosi a livello di suggerimento, non forniscono un esauriente studio del problema. Nella mia esperienza, un forte Mercurio – mentre dà sempre eccellenti capacità *espressive* (allo stesso modo in cui il dio mitologico esprimeva la volontà della suprema divinità) – non sempre induce ad ogni costo il soggetto a essere ciò che si definisce un cervellone. D'altra parte, anche un sommo pensatore come sir Isaac Newton non aveva un Mercurio particolarmente forte. Tuttavia, molti pianeti nei segni mercuriali in genere producono capacità intellettuali. Si deve certamente prestare molta attenzione alla III casa. Ad esempio, troviamo qui la chiave delle capacità di Newton: Giove governa la casa III ed è in trigono a Urano che a sua volta è in sestile al Sole, che si trova in III. Un Ascendente che riceve molti aspetti, benché forse non essenziale rispetto alla potenza cerebrale, certamente aiuta a conferirla, o quanto meno rafforza il cervello fisico e consente di lavorare in modo sostenuto e durevole. Una Luna lesa da Saturno sicuramente *talvolta* sciupa la mente e, se in casa III, pare provocare un'autentica stupidità e mancanza di sicurezza. Una Luna priva di aspetti ha spesso un cattivo effetto e rende la mente di lento comprendonio. Mercurio leso indica problemi d'espressione, come la negligenza, ma non stupidità (cfr. ancora una volta il cielo natale di Newton). Molti pianeti nei segni mercuriali, in presenza di una debole casa III, probabilmente denotano una mente acuta ma improduttiva. Il segno che ospita – e i pianeti in aspetto con – Mercurio hanno più a che vedere con le tendenze dei gusti mentali del soggetto, e relative espressioni, più che la potenza intellettuale e il sottostante acume, per quanto un aspetto con Marte rinvigorisce e dà energia alla mente. In genere, rende il soggetto uno studente dotato di energica capacità dialettica (con grandi possibilità di dominio di una specifica materia), mentre i loro cattivi aspetti tendono verso un eccesso di lavoro, una mente irritabile e spesso una lingua pungente. Venere conferisce gusti artistici, Giove buon giudizio e fecondità mentale, Saturno profondità, pazienza e coscienziosità. Urano inclina la mente verso l'originalità, e per il resto mostra gli stessi effetti di Marte; Nettuno inclina alla musica, rende spesso la mente critica e schizzinosa e, se afflitto, caotica e inefficiente. Un Giove afflitto produce distrazione e distrugge la chiarezza percettiva oppure, se agisce al positivo, dà origine a superficialità o addirittura ipocrisia. Mercurio afflitto da Saturno assai spesso dà come risultato l'ostinazione tramite punti di vista angusti, e può altrettanto produrre un tiranno. Gli aspetti del Sole hanno molto a che fare con l'intelligenza in generale, pertanto il Sole in buon aspetto con Marte o Giove indica spesso una mente sottile. Infine, va segnalato che i segni d'Aria (eccetto i Gemelli), benché siano classificati come "intellettuali", non producono necessariamente persone abili o dotate.»

Ho riportato questo lungo brano di uno dei massimi esponenti del pensiero anglosassone allo scopo di evidenziare tutta l'incertezza che circonda la materia, a mio avviso impossibile da risolvere qualora si desideri trovare un univoco indicatore astrologico, al di là del generico accostamento con Mercurio. Tutto sommato, Carter avanza l'ipotesi che a ogni pianeta corrisponda un particolare tipo di intelligenza, il che è certamente accettabile.

Oltre al caso di Isaac Newton sottoposto dal Maestro britannico, invito il lettore a riflettere su Leonardo da Vinci, considerato un genio universale, il cui oroscopo non sembra esporre indicatori in grado di giustificare una mente così brillante ed incline a eccellere in tutti i campi del sapere della sua epoca.

Gli psicologi si arrovellano a definire il concetto di intelligenza e a ideare strumenti idonei a misurarla e gli astrologi non sembrano – almeno per il momento – essere riusciti a stabilire una correlazione tra acutezza della mente e indiscutibili elementi della carta del cielo. Preferisco quindi formulare alcune note su due specifici aspetti: la congiunzione Mercurio-Urano e la congiunzione Mercurio-Saturno.

Va da sé che è una scelta del tutto soggettiva e per nulla esaustiva della questione sin qui affrontata. Il motivo è presto detto: a mio avviso i tre pianeti in questione possono essere anche visti nell'ottica di una certa "cerebralità". In questo mi trovo a grandi linee d'accordo con Martine Barbault quando scrive:

«Mercurio, Saturno e Urano hanno in comune il fattore "pensiero". Il soggetto che espone questi tre pianeti in posizione di forza tende a far passare tutto per il setaccio della ragione e della logica, astraendosi da - o per lo meno reprimendo – emozioni e sensazioni. Può essere un intellettuale amante della dialettica o della metafisica, uno scienziato, un pragmatico, o più semplicemente una "canna pensante" che dispone dei mezzi corrispondenti al suo QI, non necessariamente elevato.» (*Méthode d'interprétation en astrologie*).

In un mio lavoro risalente al 2013 ho accennato alle valenze dell'aspetto Mercurio-Urano. Per comodità, riporto quanto allora scrissi in argomento.

«Mercurio-Urano: (congiunzione se ben sostenuta, e aspetti armonici): ancora due pianeti a forte carica mentale, entrambi molto Secchi. Dominano inoltre segni d'aria (rispettivamente Gemelli e Acquario), il che rende la loro associazione particolarmente vantaggiosa sotto il profilo del rendimento intellettuale. "Una *dominante* Mercurio-Urano fa il nervoso vivace, secco, teso, dai riflessi fulminanti, dal carattere nodoso, che esiste tramite l'affermazione della lucidità, l'acutezza del pensiero o l'avventura dell'individualismo. Una congiunzione Mercurio-Urano fa parte di un'affermazione mentale per liberarsi in autonomia e sottolineare la propria particolarità, tramite un pensiero originale."» (André Barbault, *L'univers astrologique des quatre elements*, Paris, 1992, p. 104).

La congiunzione Mercurio-Saturno viene così commentata:

«L'aspetto conferisce profondità mentale, concentrazione e riflessione. La mente può apparire lenta, in realtà [il titolare dell'aspetto] è un *secondario*, incline all'astrazione e alle speculazioni intellettuali. Può fare lo scienziato sperimentatore, il giudice, il filosofo, il politico e, in breve, il pensatore.» (Martine Barbault, Danièle Barbault, *Dictionnaire des aspects astrologiques*).

Il pregio di questo commento risiede nell'essersi agganciato a un concetto di stampo caratterologico quando accenna alla "secondarietà", idea appartenente alla tipologia portata avanti dal francese René Le Senne. Secondo questo Autore, nel soggetto "secondario" le impressioni provenienti da accadimenti esterni penetrano lentamente nella psiche del soggetto, ma vi rimangono a lungo. Di conseguenza, nei soggetti in questione, il passato condiziona pesantemente il futuro.

Descrivendo gli attributi di Saturno, sempre sotto il profilo caratterologico, André Barbault aveva scritto: "L'Introversione, la Secondarietà e la ristrettezza del campo della coscienza sono le costanti." (*Trattato pratico di astrologia*, 1961.)

A mio avviso, si può anche ravvisare una valida chiave interpretativa degli aspetti planetari in esame mediante il rimando ai tipi psicologici di C. G. Jung. Risulta tutto sommato spontaneo avvicinare il portatore della congiunzione Mercurio-Saturno alla *funzione pensiero*, che – abbinata all'atteggiamento introverso – genera nel caso specifico il *tipo di pensiero introverso*. Riporto a questo scopo un brano di C. G. Jung.

«Il tipo di pensiero introverso è … influenzato in modo determinante dalle idee, che però non derivano dalla realtà obiettiva, ma da una base soggettiva. I suoi sforzi si esplicano in profondità e non in estensione. Il suo giudizio appare freddo, inflessibile, arbitrario o indelicato, giacché è rivolto più al soggetto che all'oggetto. Nella costruzione del suo mondo di idee egli non indietreggia di fronte ad alcun rischio per quanto grave, non rinuncia ad alcun pensiero, solo per il fatto che esso potrebbe essere pericoloso, sovvertitore, eretico o lesivo di qualsivoglia sentimento. Nel perseguire le sue idee è tenace, caparbio e poco influenzabile. Come gli è chiara l'intima struttura dei suoi pensieri, così brancola nel buio quando si tratta di inserirli nel mondo della realtà. Visto a distanza egli appare sgarbato e autoritario. Più lo si conosce da vicino e migliore è il giudizio che si dà di lui: coloro che gli son prossimi sanno quanto valga la sua intimità. Agli estranei appare scontroso, inavvicinabile e altezzoso, spesso anche aspro a causa dei pregiudizi che nutre per la società. Egli non cercherà di molestare personalmente nessuno per le sue convinzioni, ma si scaglierà velenosamente e accanitamente contro qualunque critica anche se giusta. In tal modo viene a isolarsi progressivamente sotto ogni riguardo. Le sue idee, originariamente feconde, divengono distruttive, giacché sono avvelenate dall'amarezza accumulatasi nel suo cuore.» (*Tipi psicologici*, p. 388 e segg.)

Fermo restando che alla congiunzione Mercurio-Urano si addice bene la *funzione intuizione*, non di meno si presenta il problema se accostarla all'atteggiamento di estroversione oppure a quello di introversione. Solo l'esame complessivo della carta del cielo potrà indurre a collocarlo nell'ambito del tipo intuitivo introverso o del tipo intuitivo estroverso.

La forte presenza di Saturno, Luna o Nettuno nell'oroscopo inclineranno il portatore della congiunzione Mercurio-Urano verso la collocazione nel *tipo intuitivo introverso*, al contrario, tenderemo a classificarlo come *tipo intuitivo estroverso* qualora nell'oroscopo prevalgano Giove, Marte oppure il Sole.

«Il tipo intuitivo non si trova là dove sono da ricercarsi valori di realtà universalmente riconosciuti, ma sempre là dove sussistono possibilità. Egli ha un fiuto particolare per ciò che sta germogliano e che promette di realizzarsi per l'avvenire. Egli non si ritrova nelle situazioni stabili da tempo costituitesi e consolidatesi, da tutti riconosciute ma di valore limitato. Poiché è sempre alla ricerca di nuove possibilità, egli rischia di soffocare nelle situazioni stabili. Il pensiero e il sentimento, che costituiscono gli indispensabili fattori di un convincimento, sono in lui le funzioni meno differenziate: essi non hanno un peso decisivo e non possono perciò opporre alcuna resistenza durevole alla forza dell'intuizione. Eppure, soltanto queste funzioni sono in grado di compensare efficacemente il primato dell'intuizione, in quanto esse forniscono all'intuitivo quel *giudizio* di cui egli, in quanto tipo, è del tutto privo. Se è di buona indole … può acquistare meriti non comuni come iniziatore o per lo meno come promotore di ogni specie di iniziative. Nessuno al pari di lui ha la capacità d'infondere coraggio nei suoi simili e di suscitare entusiasmo per qualche cosa di nuovo, anche se dopo qualche giorno torna a disinteressarsene. Al livello della coscienza egli tratta la sensazione e il suo oggetto con sovrana superiorità e con mancanza di riguardo

... perciò l'oggetto finisce con il vendicarsi sotto forma di idee ossessive ipocondriache, di fobie e di tutte le più assurde sensazioni corporee.» (*Tipi psicologici*, p. 373 e segg.)

«Il tipo intuitivo introverso è dotato della stessa capacità di fiutare il futuro dell'intuitivo estroverso. La sua intuizione però è rivolta verso l'interno, e perciò esso è soprattutto il tipo del profeta religioso o del veggente. A livello primitivo, è lo sciamano che sa quello che vogliono gli spiriti, gli dèi e gli antenati e che trasmette alla tribù i loro messaggi. In termini psicologici, diremmo che conosce i lenti processi che avvengono nell'inconscio collettivo, i cambiamenti archetipici, e li comunica alla società. Troviamo molti intuitivi introversi tra gli artisti e i poeti. Anche l'intuitivo introverso, come quello estroverso, soffre di un'enorme vaghezza riguardo i fatti. L'intuivo introverso spesso è a tal punto ignaro dei fatti esterni che quanto egli riferisce va preso con gran cautela.» (von Franz, *Tipologia psicologica*, p. 62 e segg.).
«Il tipo intuitivo introverso rimuove soprattutto la percezione sensoriale dell'oggetto ed è ciò che caratterizza il suo inconscio. Nell'inconscio sussiste, come compensazione, una funzione sensoriale estroversa a carattere arcaico. Istintualità e smoderatezza sono i caratteri di una tale attività sensoriale insieme a uno straordinario legame con l'impressione sensibile.» (*Tipi psicologici*, p. 407).

Va ribadito che il soggetto tenderà tanto più ad avvicinarsi alle funzioni quanto più gli aspetti assumano forza e preminenza nella carta del cielo.

In genere propongo una galleria di personaggi pubblici a corredo dei miei testi; in questo caso me ne astengo, poiché le congiunzioni sopra commentate, qualora si trovassero al Medio Cielo o all'Ascendente, tenderebbero a collocare il soggetto semplicemente nella categoria dei saturniani o degli uraniani, con Mercurio che – a mio parere – verrebbe a qualificare e corroborare il pianeta più lento ad esso congiunto anziché ad assurgere esso stesso a co-dominante. Quest'ultima condizione si verificherebbe invece se, al posto della congiunzione, Mercurio si trovasse a sua volta forte in uno dei suddetti angoli del cielo, anche in mancanza di aspetto con i due lenti presi in esame. Ritengo tuttavia opportuno rendere testimonianza, per esperienza diretta, di alcuni contatti da me intrattenuti con persone genericamente "molto intelligenti".

Inizio con Mario Zoli (Faenza, 22/6/1939 alle 13:45) che ho frequentato per diversi anni recitando nella sua compagnia teatrale e discorrendo di astrologia. Uomo brillante, grande affabulatore, dotato di vasta cultura umanistica. Carattere spinoso e polemico. Mercurio-Cancro è altissimo al Medio Cielo e sta in sestile sia con Urano che con Nettuno. In pratica, Mercurio si trova a metà strada del bel trigono Urano-Nettuno in segni di Terra.

Armando Billi (Bologna, 28/4/1947 alle 7:15) da me conosciuto quando ero collaboratore della rivista *Zodiaco*. Mercurio-Ariete forma un perfetto sestile con Urano-Gemelli. Persona molto intuitiva. Dialogando con qualcuno, egli sapeva in anticipo che cosa quest'ultimo avrebbe detto, ma vedevo che, per educazione, non interrompeva il discorso dell'interlocutore, sebbene notavo che mordeva il freno.

André Barbault (Champignelles, 1/10/1921 alle 17:00).
Uno dei massimi esponenti dell'astrologia psicologica e
contemporanea in generale. Vivacissimo, curiosissimo,
folgorante, spiazzante. Grande Trigono Mercurio-Urano-
Plutone in segni d'Acqua.

Non rientra nella categoria appena accennata delle
persone genericamente "molto intelligenti", ma vale la pena
menzionare un soggetto maschile dotato di una stretta
congiunzione Mercurio-Saturno. Lo si potrebbe definire un
pensatore lento, ostinato, in grado di applicarsi unicamente a
un argomento per volta, senza però mollarlo finché non sia
esaminato e sviscerato in tutti gli elementi che lo
compongono. Riesce, con tenacia e pazienza certosina, a
dedicarsi alla soluzione di un problema anche per anni di
seguito, e magari collocarlo in ibernazione, prima di
finalmente arrivare a concludere un esito. Ama l'ordine e la
chiarezza di concetti, rifiuta il caos. Dotato in gioventù di
un'ottima memoria, possiede la facoltà di individuare
collegamenti tra fatti e pensieri apparentemente disomogenei
e di operarne una sintesi. Si rammarica di non aver potuto
studiare filosofia all'università, e ama molto le discipline a
carattere storico. Per consolarsi della sua lungaggine, si
diverte a pensare di condividere con Einstein l'aspetto di
congiunzione Mercurio-Saturno.
Quel soggetto è l'Autore di questo libro.

PLUTONE ALL'ASCENDENTE: TRE CASI DI ATTRICI ITALIANE

Concentrarsi unicamente su un singolo aspetto della carta del cielo natale, per quanto importante e addirittura dominante, prescindendo dall'insieme di altri fattori astrologici e ambientali riguardanti il soggetto, rappresenta un azzardo che il consulente e lo studioso accorto dovrebbero evitare. È tuttavia innegabile che l'esame comparato dei singoli aspetti aiuti a costruire un catalogo che, opportunamente adattato al caso singolo, può costituire un primo orientamento interpretativo.

Caliamoci ora in un argomento di attualità che sta riscuotendo molto interesse. Mi riferisco i tanti casi di molestie sessuali che sono venute prepotentemente alla luce. Le recenti denunce rivolte da molte persone, uomini e soprattutto in massima parte donne, si sono allargate a macchia d'olio, fino a travolgere importanti produttori e attori del mondo cinematografico, televisivo e teatrale. Non sono stati risparmiati neppure uomini politici, che hanno ritenuto di dimettersi dalle loro cariche, o addirittura di suicidarsi. Lo scandalo si è esteso anche al mondo dello sport.

In Italia hanno suscitato molto clamore e controversie le dichiarazioni di Asia Argento riguardanti Harvey Weinstein, per fatti avvenuti circa 20 anni fa; in particolare, ha sollevato critiche il fatto che la stessa, dopo aver subito le presunte molestie, abbia intrattenuto una relazione di 5 anni con il produttore.

Evidentemente, la persona della strada è impossibilitata a determinare la veridicità dei fatti, noti solo ai protagonisti della vicenda, e deve accontentarsi dei resoconti di stampa, spesso riportati con tinte scandalistiche. In ogni modo, non è questa la sede adatta per addentrarci in questo specifico caso, come del resto in tutti gli altri. È invece la sede appropriata per formulare alcune considerazioni di carattere astrologico sul significato di un determinato aspetto planetario.

Asia Argento è nata a Roma il 20 settembre 1975 alle 8:07 (anagrafe. Archivio Rodden).

Valeria Bruni Tedeschi è nata a Torino il 16 novembre 1964 alle 2:10 (anagrafe. Archivio Bordoni).

Giovanna Mezzogiorno è nata a Roma il 9 novembre 1974 alle 3:45 (anagrafe. Archivio Bordoni).

Il cielo natale di queste tre attrici evidenzia Plutone all'Ascendente. In particolare, Asia Argento e Giovanna Mezzogiorno sorprendentemente condividono il medesimo incardinamento dell'oroscopo, avendo praticamente il medesimo grado Ascendente, mentre il Plutone di Valeria Bruni Tedeschi, collocato in casa XII, dista circa 6° dal suo Ascendente.

In prima battuta, si potrebbe affermare che un abbozzo interpretativo, sia pure a volo d'uccello, non possa prescindere dal considerare che Asia, Valeria e Giovanna manifestino caratteristiche del "carattere anale" identificato da Sigmund Freud. Per approfondire questa nozione, abbinata al simbolismo astrologico, mi sia consentito rimandare il lettore al mio *Incursione nei regni inferi. Analisi astropsicologica di Plutone*, e soprattutto a *Dalla psicoanalisi all'astrologia* di André Barbault. Da quest'ultimo testo traggo:

«Le attività istintuali che compaiono dopo la comparsa dei denti stanno in rapporto con il funzionamento dello sfintere anale che, nel bambino, si carica di un certo valore affettivo. La masticazione perde importanza a vantaggio della defecazione. Il funzionamento rettale comporta un doppio momento: riempimento, ritenzione, e svuotamento, evacuazione.

Gli psicoanalisti affermano che nel corso della prima fase il bambino prova piacere nell'evacuare liberamente, lo svuotamento gli procura gradevoli sensazioni. Nel corso di una seconda fase, preferisce "trattenersi", e il frenarsi lo indirizza verso una "morale degli sfinteri" (Ferenczi).

La fissazione all'atto evacuativo della funzione anale porta al piacere della sporcizia oppure conferisce il desiderio di creare o di potere magico. Jones precisa che questo complesso sfocia nel culto dello sgradevole, della cattiveria, della crudeltà, in breve del sadismo, e Baudouin aggiunge che questo tipo anale è eminentemente antisociale. L'educazione degli sfinteri inaugura l'era delle rivolte, il contrasto con i genitori scoppia nel momento in cui esigono la pulizia. Questo primo divieto dà al bambino la sensazione di essere circondato da un mondo ostile alla manifestazione dei suoi desideri naturali, e il libero atto che attrae la sua attenzione diventa un atto proibito. Se l'educazione degli sfinteri viene accompagnata ad associazioni penose, di costrizione, di confisca, rischia di attribuire un valore di protesta al fatto di restare sporco. Una tendenza aggressiva si radica su questo terreno la quale, in un primo momento, consiste nell'imbrattare di escrementi il mondo circostante e, successivamente, nello sporcare, degradare, vendicarsi, distruggere. Vediamo qui comparire un sentimento tipo, l'odio, associato ai valori di decomposizione, di morte, collegati al prodotto anale (gli escrementi sono i rifiuti del bolo alimentare riportati al caos della materia primitiva). Ma nell'atto espulsivo, se vi è implicita una protesta, c'è anche una creazione: il bebè offre un primo prodotto uscito da sé stesso, un prodotto che può essere trattenuto come strumento di ricatto (da qui una mentalità magica di onnipotenza) oppure generosamente offerto ai genitori come regalo.

Se viceversa l'energia istintiva si fissa sull'atto ritentivo, il carattere si forma in base alla repressione che, per la prima volta il bambino esercita liberamente sul proprio potenziale di piacere. Il tipo anale ritentivo, inversamente al tipo anale espulsivo, vive in un regime di controllo, ordine, pulizia, disciplina. È più o meno economo, meticoloso, minuzioso, accurato, esageratamente serio, un po' noioso, legato alle regole e alle consegne, portato ai numeri, le precisazioni, le classificazioni, le schede, i sistemi, le collezioni. In una parola, è un metodico che riassume i tratti caratteriali di chi familiarmente viene definito "un costipato".

Ebbene, troviamo due segni zodiacali che ricostituiscono, con ammirevole precisione – poiché raggruppano lo stesso insieme di caratteristiche – questi due stadi del carattere anale. [l'A. si riferisce al segno della Vergine e al segno dello Scorpione] ... Raramente il tipo è puro; di frequente vediamo oscillare gli opposti atteggiamenti per via di una flessibilità tra l'inibizione della ritenzione e l'impulso al rilascio. Vediamo così lo stesso soggetto mostrarsi economo per un certo tempo, poi spendere bruscamente il frutto delle sue economie; lasciarsi circondare dal disordine e provare improvvisamente una frenesia di riordinare e pulire; in certi periodi, può essere laborioso e operare penosamente, non riuscendo a cavare un ragno dal buco, poi in altri sperimentare irresistibili spinte creative; prender tempo, per poi assolvere un compito all'ultimo momento; mostrarsi pignolo e formalista per alcune cose e libero e audace per altre; essere scrupoloso in una sfera di vita e indulgente in altre, ecc. Vediamo anche l'ambivalenza dei due tipi configurare un centauro più o meno pittoresco: il puro di cuore dalle mani sporche e il mascalzone dalle mani pulite, la puttana rispettabile e la "santarellina", il borghese conformista frequentatore di bassifondi, e il diavolo che si fa eremita, l'ipocrita pudibondo e il "troppo educato per essere onesto", l'intrigante discreto e l'affettato sfrenato, la libertina ingenua, il brontolone docile, il nevrotico pervertito, ecc.»

Si tratta ora di capire se, in base alle notizie di stampa, le caratteristiche di cui sopra corrispondano alla realtà del vissuto.

Nel 1973 Valeria Bruni Tedeschi, che aveva 9 anni, si trasferisce in Francia insieme la famiglia «apparentemente per fuggire dalle Brigate Rosse, ma sicuramente per evitare di essere coinvolti nel fallimento dell'azienda di famiglia CEAT che sarà riscattata dal gruppo Pirelli.» (*Wikipedia* italiano, voce intestata a Marisa Borini – nata a Torino, 1 aprile 1930, ora sconosciuta – madre di Valeria). La madre è vulcanica, come segnala la sua strettissima triplice congiunzione Sole-Mercurio-Urano in Ariete. Valeria ha a sua volta la Luna in Ariete. Nasce in un ambiente caratterizzato da agi e ricchezza dove tuttavia qualcosa non quadra. La sua prima prova di regia è il film autobiografico *È più facile per un cammello...* molto apprezzato da pubblico e critica, in cui recita il ruolo principale di Federica, ossessionata dai sensi di colpa per essere vergognosamente ricca. "Valeria è una donna abbastanza nevrotica" dichiara la madre in un'intervista rilasciata ad Anais Ginori, pubblicata su *La Repubblica* del 10 maggio 2016. All'atto di ricevere il premio Anna Magnani al Bari International film festival (anno 2016), per la splendida parte nel film *La pazza gioia*, Valeria afferma: "Accade raramente una congiunzione di astri simile – spiega l'interprete – la vita intima reale che in parte si confonde con la finzione." Da notare che interpreta la parte di Beatrice Morandini Valdirana, donna disturbata mentale, logorroica, bugiarda patologica con manie di grandezza, rinchiusa in una struttura psichiatrica: personaggio che, guarda caso, ha un doppio cognome come il suo. Il 27 marzo 2017 vince, sempre per *La pazza gioia*, il David di Donatello e pronuncia un discorso di ringraziamento alquanto sconclusionato, che però emoziona la platea e viene ripreso da agenzie di stampa e molti quotidiani nazionali. Tra i suoi ringraziamenti c'è Franco Basaglia "che cambiò radicalmente l'approccio della malattia mentale in Italia", e la sua "povera psicoanalista". Un altro aspetto della personalità dell'attrice viene evidenziato dal suo impegno a favore della brigatista rossa Marina Petrella, latitante in Francia. Domenico Quirico in una sua corrispondenza da Parigi (*La Stampa*, 7 febbraio 2009) scrive: «È stata Valeria, che è gauchiste vera, non modello chic come la sorella, a battersi per Marina Petrella, ex terrorista in attesa di estradizione in Italia. Ma sui giornali tutti hanno scritto che Sarkozy ha obbedito a Carla!». Sì, perché fu lei, che qualcuno definirebbe *gauche caviar*, ossia radical chic, snob, ricca esibizionista "di sinistra", a ottenere dall'allora presidente francese Sarkozy, suo cognato, che la brigatista, condannata all'ergastolo per l'omicidio di un agente di polizia, non fosse estradata in Italia.» L'analisi astrologica a mio avviso mette a nudo una persona fortemente segnata da una congiunzione Sole-Nettuno, a cui si aggiunge il peso della congiunzione Urano-Plutone all'Ascendente. Senza entrare in ulteriori dettagli, non è dunque lei stessa la smarrita Federica di *È più facile per un cammello…* e la Beatrice de *La pazza gioia*?

Giovanna Mezzogiorno è figlia d'arte. Del padre Vittorio ricordo la magnifica interpretazione di Arjuna nel *Mahābhārata* del regista Peter Brook, presso il cui laboratorio londinese Giovanna si è formata artisticamente. Un'intervista del 9 aprile 2017 (rilasciata a Enrico Caiano del *Corriere della Sera*) ci fornisce qualche ragguaglio sulla sua personalità. Apprendiamo che al liceo era "una tipica ragazza di sinistra. Avevo la divisa, tutti gli atteggiamenti, l'abbigliamento… ero fatta con lo stampino." Ci racconta anche delle sue difficoltà di rapporto con i genitori: "Io ho avuto fratture grosse con i miei genitori, che si sono ricucite per il rotto della cuffia. Altrimenti sarebbe stato drammatico. Il padre, la madre, sono archetipi. Puoi anche non volerci parlare più ma alla fine della vita vedrai che sono presenze che tornano." «Ho avuto una madre tollerante e un padre severo. Andavo molto male a scuola e quindi capisco la sua preoccupazione, ma si creavano forti tensioni in casa e provavo rancore. Questa severità comunque mi ha formato. Anche io ho imparato a dire tanti no, che mi hanno permesso di costruire una carriera duratura. I no in qualche modo ti aiutano a difenderti nella vita.» (Intervista rilasciata a Emanuele Bigi, pubblicata su *Vanity fair* dell' 11/11/2016) L'argomento della psicoanalisi emerge anche nella vita di Giovanna: interpreta la parte di un'analista nella serie TV *In treatment*, ma non solo. "Tutte queste puntate incentrate sul dialogo psicanalitico... Io ho fatto analisi ed è un mondo che mi affascina." Giovanna ha un carattere forte e una personalità magnetica. Dopo avere partorito due gemelli prematuri, ha attraversato un momento difficile che ha comportato l'allontanamento dalle scene per cinque anni. Tuttavia è riuscita a rinnovarsi e non ha mancato di lanciare frecciate alle sue colleghe attrici che hanno approfittato della gravidanza per rilanciarsi e mettere in mostra il pancione in foto che lasciavano poco all'immaginazione. «"Provo orrore, ma veramente orrore furibondo per quella che da madre mi sento di definire la continua, quotidiana, martellante mercificazione del corpo e della maternità sia sui social network sia sulle copertine dei giornali. È una cosa disgustosa, i figli vengono considerati come uno status e usati per prendere punti."La gravidanza come bottino: "Viene pubblicizzata in continuazione perché comunque intenerisce, incuriosisce, crea seguito. Il bottino preso serve per salire di notorietà - non di successo, di notorietà, sono cose ben diverse"». (Intervista rilasciata a Enrico Caiano, *Corriere della Sera*, 27/10/2015)

Diversamente dalle sue colleghe di cui sopra, la cui bravura è stata ampiamente riconosciuta dalla critica cinematografica e dai premi conferiti, Asia Argento, anch'essa figlia d'arte come Giovanna Mezzogiorno, non sembra riscuotere altrettanti consensi. Leggiamo ciò che scrive sul sito internet www.wired.it il critico Gabriele Niola in tempi non sospetti (6 giugno 2014):

«È l'unica star con atteggiamenti eccessivi e un'aura dark che abbiamo mai avuto in tutta la storia del cinema italiano. In virtù di questo modo di essere fuori dallo schermo ha ottenuto diversi ruoli dentro lo schermo (anche ben dopo quelli *paterni*). È stata in film d'azione, ovviamente in film d'orrore, in film in costume e ha sempre fatto, bene o male lo stesso personaggio caricato, eccessivo e imparentato con quel che lascia pensare di essere nella vita vera. Asia Argento è un caso stranissimo: mai stata realmente un'attrice nel senso professionale del termine, è riuscita a prendere parte ad alcuni dei film peggiori di sempre (che lei ha contribuito a rendere tali) come ad opere raffinate di autori internazionali. Ha girato 3 film ospitati in festival internazionali, l'ultimo dei quali, *Incompresa* (starring Gabriel Garko), presentato a Cannes ed ora in uscita nelle nostre sale. Rientrata nel cinema del padre Dario nel momento peggiore della sua carriera, impermeabile a qualsiasi tipo di usura del tempo ha uno stile inimitabile nel fare ogni cosa, nell'incarnare sempre e comunque il trash negli eventi che non dovrebbero prevederlo. Alla fine, in 30 anni di carriera (e 40 di vita) ha fatto di tutto, è entrata nella storia del cinema con un paio di film e ha meritato più volte di uscirci a calci per altri. Abbiamo provato, con difficoltà, a fare un riassunto in 10 punti con il meglio e il peggio. Ma soprattutto il peggio.»

Gabriele Niola prosegue con un'analisi spietata delle parti recitate in *Palombella Rossa*, *Maria Antonietta*, *xXx*, *La terra dei morti viventi*, *Go go tales*, *Scarlet diva*, *Trauma*, *Love bites*, *La terza madre*, *Dracula 3D*. Asia Argento non recita bene, ma indossa un nome prestigioso, che nel mondo del cinema conta. Le viene però attribuito un carattere molto spinoso: è polemica, spesso addirittura gratuitamente aggressiva, come quando ha offeso Giorgia Meloni, che aveva partorito da poco la sua prima figlia. Riporto l'articolo di Monica Setta, non datato (ma probabilmente 9/2/2017), pubblicato su Affaritaliani.it .

«Asia Argento ha fotografato di nascosto Giorgia Meloni al ristorante. Poi ha pubblicato lo scatto sui social e l'ha accompagnato con una didascalia di fuoco: "La schiena grassa, ricca e senza vergogna di una fascista beccata a mangiucchiare". Un post forte che in poche ore ha immediatamente fatto il giro del web. Ma la Meloni ha subito reagito passando al contrattacco con una replica su Facebook: "Pubblico questo commento di Asia Argento ad una foto che mi ha fatto di nascosto (temeraria), perché, al di là dei soliti insulti triti e ritriti che non mi interessano, mi ha molto colpito che abbia parlato della mia "schiena lardosa". Lo pubblico per dire a tutte le donne che hanno partorito da pochi mesi e che per dimagrire non usano la cocaina, di non prendersela se qualche poveretta fa dell'ironia sulla loro forma fisica", scrive la Meloni. »

Ha recentemente strapazzato Piero Chiambretti (che l'aveva sbertucciata con uno sketch televisivo) chiamandolo "nano e carogna", riprendendo così le parole di una nota canzone di Fabrizio De André. Sono solo due esempi dello stile di Asia, che non si è lasciata sfuggire l'occasione di gratificare pubblicamente con un bel dito medio chi la criticava (a volte troppo pesantemente) per il suo comportamento nel caso Weinstein.

Alla luce delle brevi note di cui sopra, deciderà il lettore quale delle tre attrici sia più rispondente al ritratto teorico descritto da Barbault, quale sia la più creativa, quale viva più armonicamente le sue astralità e quale in modo più inconcludente e distruttivo.

L'OPPOSIZIONE GIOVE-PLUTONE. ASPETTO DISSONANTE O ARMONICO?

Riprendendo in mano un articolo scritto tre anni fa[43] in cui studiavo una genitura a mio avviso fortemente segnata dall'opposizione tra Giove e Plutone, angolare all'orizzonte, ho creduto ora utile ritornare in argomento, anche alla luce di quanto successivamente emerso elaborando la mia monografia dedicata a Plutone.

Sotto l'angolo visuale dell'astrologia mondiale, il ciclo Giove-Plutone, che dura circa 13 anni, è stato studiato da André Barbault nei suoi libri, l'ultimo dei quali, *Les cycles planétaires*, ha visto la luce nel giugno 2014. Questo Autore ne ha seguito lo svolgimento, esaminando le congiunzioni del 1906, 1918, 1931, 1943, 1956, 1968, 1981 e 1994.

Occorre ricordare che la cornice del XX secolo ha consegnato alla storia due terrificanti guerre mondiali, sanguinose guerre di liberazione coloniali in Asia e Africa, la devastante crisi economica iniziata nel 1929 e susseguente grande depressione, la guerra di Corea, d'Indocina (che si protrarrà fino alla definitiva riunificazione del Vietnam) l'inizio di un'interminabile serie di guerre in Medio Oriente, la divisione del mondo in due blocchi contrapposti, la pericolosissima crisi missilistica di Cuba (col rischio di una terza guerra mondiale), la macelleria della guerra nella ex - Jugoslavia, colpi di Stato in diversi Paesi dell'America Latina

---

[43] *Costanzo Ciano: da lupo di mare a capitano d'industria*, 21/2/2015

e conseguenti dittature militari, devastazioni ambientali, solo per citare alcuni dati di fatto di rilevante importanza.

Ovviamente nessuno di essi è stato "causato" dal ciclo in questione, e neppure è stato accompagnato solo ed esclusivamente da questo. L'astrologia mondiale è materia estremamente complessa, e va studiata con molteplici strumenti, tra cui certamente spiccano i cicli planetari, che a loro volta s'intrecciano e interferiscono l'uno con l'altro.

Detto *en passant*, la prossima congiunzione Giove-Plutone, che si verificherà in Capricorno nel 2020, entrerà a far parte di una dissonanza generalizzata, su cui mi sono soffermato con un mio scritto inizialmente apparso sulla rivista *Astra* (n. 1 – gennaio 2017).

Le indicazioni fornite dall'esame del ciclo planetario non sono incoraggianti, dobbiamo tuttavia ancora calarci nella realtà del singolo individuo e, a quanto sembra, le cose vanno in una direzione ben diversa.

A mia conoscenza, non molti commentatori si sono dilungati in commenti sugli aspetti formati da Giove con Plutone.

Il glorioso *Trattato* di Sementovky (1955) li salta a piè pari, Andrè Barbault li suddivide genericamente in armonici e dissonanti (non occupandosi specificamente della congiunzione) e, nel 1961, scrive quanto segue (*Trattato pratico di astrologia*).

Armonici: Potenza, magnetismo, ambizione, creazione, fecondità.

Dissonanti: Disordine, spreco, compromissione, illegalità, corruzione.

170

Cambierà successivamente idea (2002), come vedremo.
Lisa Morpurgo (*Introduzione all'astrologia*, 1972) commenta in modo separato la congiunzione, il sestile, la quadratura, il trigono e l'opposizione. L'aspetto di opposizione non lascia scampo. A p. 303 leggiamo:

Ripete e intensifica certe influenze del quadrato. Le forze vitali espansive e creative vengono bloccate da un conflitto che ne impedisce il libero sviluppo e spesso crea forme di compenso per eccesso: ipertrofia dell'Io, verbosità, esibizionismo, tendenza all'istrionismo e alla menzogna fine a se stessa, onesta non sempre cristallina (specie se la casa dodicesima o terza sono coinvolte da uno dei poli dell'aspetto), megalomania. Incapacità a inserirsi felicemente in un'attività creativa, rapporti difficili con il prossimo, e con sé stessi, insoddisfazione latente. Ha sovente influenze sul carattere più che sul destino, ma è anche sensibile ai transiti negativi, specie al quadrato di Plutone con se tesso e con il Giove natale.

Col trascorrere del tempo, le opinioni di accreditati astrologi tendono a mutare. Un'esponente della scuola anglosassone tratta gli aspetti Giove-Plutone senza occuparsi della congiunzione e senza differenziare tra quelli "armonici" e "disarmonici". Sue Tompkins (*Aspects in astrology*, 1989) introduce l'idea di Ombra, sottolineandone gli aspetti creativi, ed è già molto. Paragona questi aspetti al "compost" del giardino, fatto di materia morta e marcescente che però si trasforma miracolosamente in nutriente attivatore biologico. Accenna anche a "ricchezze nascoste" e conclude affermando che "il soggetto che presenta questa combinazione sarà verosimilmente molto ambizioso" (p. 227).

Notevoli segnali di svolta sono riscontrabili nel testo *Disctionnaire des aspects astrologiques* di Martine Barbault e Danièle Barbault (1994) le quali commentano la congiunzione, gli aspetti armonici e quelli disarmonici, portando numerosi esempi di personaggi storici e pubblici in generale. Nel quadro degli aspetti disarmonici, le Autrici premettono subito che è molto importante preliminarmente determinare quale sia il livello evolutivo del soggetto. Solo nel caso di un *Super-Io* debole si potranno notare alcune tendenze alla corruzione in soggetti che perseguono il potere a tutti costi. Mentre in un soggetto più strutturato si potrebbero avere fenomeni angosciosi e ossessivi. Tuttavia, esse lasciano la porta aperta a interessi di tipo psicologico ed esoterico. Se il soggetto supera le proprie inquietudini esistenziali, può anche rivelarsi un esperto e penetrante pensatore.

Tornando ad André Barbault, che nel suo *Uranus Neptune Pluton* (2002) si occupa unicamente della congiunzione, troviamo un'analisi decisamente incoraggiante. A p. 183 leggiamo:

Potere, forza, ambizione e creazione sono elementi comuni al duo Giove-Plutone. La loro congiunzione è indice di forza di affermazione, di superiorità, di grandezza, se per lo meno si è all'altezza della propria configurazione.

Segue una sfilata di importantissimi uomini politici che sono passati alla storia: Giulio Cesare, George Washington, Abramo Lincoln, Franklin Delano Roosevelt, Robespierre, Napoleone III, Simon Bolivar, Nikita Kruscev. In aggiunta ai politici, secondo Barbault questa congiunzione sprigiona un

172

magnetismo personale, attribuisce un carisma, conferisce facile prestigio. E cita André Gide, Henri Matisse, Pablo Picasso e altri ancora, tra cui diverse donne.

Fatta questa carrellata introduttiva, dobbiamo ora riportarci al tema specifico dell'opposizione, limitando l'indagine all'aspetto che si forma all'orizzonte. Tralasciando per brevità di affrontare il problema delle orbite dell'aspetto, segnalo unicamente che, ai nostri fini, per quanto riguarda l'angolarità all'Ascendente, mi adeguo al concetto di "zona Gauquelin": ossia fino a 15° prima dell'Asc. (il pianeta si trova pertanto in casa XII) e fino a 10° dopo l'Asc. (il pianeta si trova pertanto in casa I).

Dopo una rapida consultazione dell'archivio Rodden, ho tratto alcuni nominativi che ho volutamente ristretto alla categoria degli attori, poiché sono generalmente noti al grande pubblico. È un piccolo campione non significativo ai fini statistici, e che va preso come spunto per altri approfondimenti. A questo proposito, un'indagine condotta sugli uomini politici potrebbe ulteriormente confermare ciò che già proponevo nel capitolo *Plutone e la politica* della mia monografia sopracitata. Del resto, abbiamo visto più casi di attori sfondare in politica, come Ronald Reagan presidente degli USA), Arnold Schwarzenegger (governatore della California), e Beppe Grillo, solo per richiamare i più noti.

Jane Fonda (New York, 21 dicembre 1937 alle 9:14), Paul Newman (Cleveland, Ohio, 26 gennaio 1925 alle 6:30), Jack Nicholson (Neptune, New Jersey, 22 aprile 1937 alle 11:00), Silvana Pampanini (Roma, 25 settembre 1925 alle 11:00. Archivio Bordoni.), Barbara Sukowa (Brema, 2 febbraio 1950 alle 17:45) hanno tutti l'opposizione Giove-Plutone all'orizzonte. Nel caso di Silvana Pampanini, è interessante notare che la Luna si congiunge a Giove e partecipa anch'essa all'opposizione. I miei commenti su ciascuna di queste geniture si trovano in *Incursione dei regni inferi. Analisi astropsicologica di Plutone.*

Barbara Sukowa, tedesca, è poco nota al pubblico italiano, ma la sua biografia impressiona sia per i ruoli di cinema e teatro che per la reputazione dei registi con cui ha lavorato. Inoltre, è "narratrice, lettrice e cantante e musica classica e opere letterarie trasposte in musica" (Wikipedia italiano). Spiccano nel suo cielo natale 5 opposizioni di pianeti tra loro: la triplice congiunzione Sole-Giove-Venere sta in opposizione alla congiunzione Luna-Plutone, sempre all'orizzonte.

Nell'oroscopo di Paul Newman, la triplice congiunzione Mercurio-Venere-Giove sta in opposizione a Plutone.

Che cosa dobbiamo quindi pensare dello specifico aspetto di opposizione?

Barbault, nel suo *Dalla psicoanalisi all'astrologia* ci avverte che si presenta un fenomeno di *reversione* (o *reversibilità*, termine utilizzato in psicoanalisi per indicare il fenomeno di ritorno di un polo verso l'altro di una tendenza) «quando interviene un rapporto tra pianeti a polarità complementare e opposta: un collegamento dato dalla quadratura e dall'opposizione, aspetti in grado di stabilire un' "altalena" tra le due tendenze.»

Osserviamo, sempre riportandoci all'insegnamento del Maestro francese che cosa accade nel caso della dissonanza Venere-Marte presente nel Tema Natale.

«Quando questo aspetto non è espressione della dissociazione tra i due poli dell'amore (amore senza desiderio e desiderio senza amore; attrazione fisica per l'oggetto amato tanto più forte quanto l'oggetto d'amore non può suscitare affetto e stima; slanci affettivi tanto più profondi quanto più scarsa è la passione carnale che l'oggetto d'amore è in grado di ispirare), Venere simbolizza il sentimento più dolce e Marte l'attrazione fisica, il desiderio, e si manifesta così la tensione tra polarità opposte: attrazione, simpatia, amore con Venere e repulsione, antipatia, aggressività, odio con Marte. Si tratta della relazione caratteristica dell'ambivalenza per fasi di simultaneità o fasi successive. L'amore-odio di tutti i giorni, o l'amore puro all'inizio, che sfocia poi nell'avversione pura, nell'odio irriducibile. Basta guardare questo schema per chiarirsi le idee; il vantaggio dell'astrologia è che può in qualche modo "risolvere l'equazione" della situazione psicologica, ci fornisce una topografia, una piantina.» (*Dalla psicoanalisi all'astrologia*, p. 82)

Ma, mentre è plausibile parlare di pianeti a polarità complementare nel caso di Sole e Luna, Venere e Marte, Giove e Saturno... che cosa pensare di Giove e Plutone?

Ricordiamo che nell'opposizione i pianeti si fronteggiano, si guardano in faccia, dunque sussiste la possibilità di rendersi pienamente consapevoli del loro simbolismo e funzioni. Al soggetto spetta il compito di riconoscere, coordinare e integrare i simboli in gioco, per trarne il meglio. «Con il termine "integrazione" Jung intende l'associazione conscia e moralmente responsabile dei complessi inconsci nella personalità totale.»(Marie-Louise von Franz, *Il mito di Jung*, p. 74)

Per fare questo, occorre molta consapevolezza e lavoro, e soprattutto evitare di limitarsi a vivere un polo a scapito dell'altro, che in genere viene proiettato all'esterno su qualcuno o qualcosa che ne diviene inconsapevole ricettacolo. Ciò avviene più facilmente (ma non esclusivamente) - se l'opposizione avviene sull'orizzonte della carta del cielo - nel caso di un pianeta collocato al Discendente. L'Altro allora incarnerà o sarà delegato a vivere i valori rifiutati o rimossi. Questo è il motivo per cui l'opposizione può genericamente indicare difficoltà di relazione. L'incapacità di lavorare sull'integrazione di entrambi i poli conduce il più delle volte a generare, uno stallo, un'azione paralizzata oppure un conflitto in cui ora prevale ora l'uno e ora l'altro polo.

Si tratta di trovare un equilibrio che apre le porte a una terza via dove nessuno vince e nessuno perde, e viene trovata una sintesi creativa. Oppure ancora, in piena consapevolezza, scegliere di dare spazio alternativamente ora all'uno ora all'altro a seconda delle circostanze o a seconda della fase di vita che si sta attraversando. L'astrologo accorto non trascurerà di considerare l'ovvia circostanza che l'essere umano, nel corso della vita, attraversa fasi di sviluppo psicofisico ben distinte, già individuate e studiate sin dall'antichità[44]. È inutile negare che ci sono casi di oroscopi "opposizionali" (secondo la definizione coniata dal barone dr. Herbert von Klökler, costituti in massima parte da opposizioni.), che, seppur

---

[44] A questo proposito, mi sia consentito rimandare il lettore al mio articolo *Le età della vita* ora in *Astri e destino*, autopubblicato presso Amazon, 2015.

caratterizzati da enorme creatività sono stati accompagnati da difficili situazioni di vita; due esempi per tutti sono quelli del pittore Antonio Ligabue e del filosofo Friedrich Nietzsche.

Una possibile risposta al quesito posto dal titolo di questo lavoro va quindi trovata nel contesto dell'oroscopo, nel livello evolutivo del soggetto portatore dell'opposizione in questione, nelle sue condizioni ambientali e nella fase di vita attraversata.

Saranno i transiti, soprattutto quelli dei pianeti lenti, a offrire l'occasione per sciogliere nodi irrisolti, orientarsi creativamente ora verso l'uno ora verso l'altro polo (se conveniente), a lasciar cadere proiezioni, a scalare vette, ad aprire la strade a nuove conquiste simboliche, psicologiche e – perché no? – materiali. Dopo tutto, sia Giove che Plutone costituiscono due potenti divinità della triade che governa Cielo, Terra e Oceani, ed entrambi possono elargire doni di grande valore. Non a caso Plutone nelle pitture vascolari greche viene anche raffigurato mentre tiene una cornucopia.

Uno sguardo alle effemeridi induce a volgere lo sguardo ai nati del gennaio 1963 che espongono l'opposizione Giove-Plutone tra Pesci e Vergine, e in particolare a chi è in attesa del passaggio di Nettuno sul proprio Giove radix. Ora il tempo è *kairos* per chi saprà cogliere l'attimo.

INDICE